大富豪からの手紙

Nine Letters from a Millionaire

本田 健

ダイヤモンド社

大富豪からの手紙　目次

カバーデザイン／重原 隆
本文デザイン・DTP／斎藤 充（クロロス）
編集担当／飯沼一洋（ダイヤモンド社）

プロローグ

【プロローグ】

私は、たくさんのお金を稼いで、「大富豪」と呼ばれるまでになったが、すべての資産を「奨学財団」に寄付してしまった。キミの父親にも、孫のキミたちにも、「財産」と呼べるようなものを、何も残さなかった。そのことを、どうか許してほしい。

その代わりに残すものは、「人生でいちばん大切なものを学ぶ機会」だ。

キミあてに【9つの手紙】を書いたので、受け取ってほしい。

孤児の私が「億万長者」になるまでの80年に得た「人生のエッセンス」だ。

私が知りえたことはもちろん、うまくいかなかったことも、正直に書いた。

「手紙」の内容を身につけることができれば、仕事の成功、十分なお金、よい人間関係、家族との幸せな暮らしも、きっと手に入ると思う。

「次の手紙を開けるときが来た！」と思ったときに、順番に開いて読んでほしい。

まさに、いちばん必要なときに「次の手紙」を開くタイミングがやってくるはずだ。

それは、キミの「直感」で決めたらいい。

最後に私が伝えたいのは、キミたちをずっと大切に思ってきたということだ。


大富豪だった祖父から来た、その「手紙」を読む2週間前、1通のメールが僕に届いた。

「敬《ケイ》、おじいちゃんが、お前あてに手紙を残したそうだ。弁護士の先生が、東京に行くそうだから、受け取ってもらいたい」


昼すぎに起きた僕（佐藤敬）は、そのメールに気づいた。

それは、絶縁状態になっている父からのものだった。

おじいちゃんが、僕に「手紙」だって？　いったい、なんの手紙だろう？

二日酔いで、頭が割れるように痛い。

大学の「期末試験」が無事に終わって、仲間とハメを外しすぎてしまった。ちょうど20歳になって、公に「お酒」を飲めるのがうれしすぎた。


去年、亡くなった祖父・佐藤泰三《タイゾウ》の顔が浮かんだ。

大富豪だったが、亡くなる前、自分が作った「留学生のための奨学財団」に全財産を寄付してしまった。仕事に対しては厳しいけれど、孫の僕に対しては、いつもやさしい笑顔を見せてくれた。目を細めたときの笑顔が、大好きだった。

【プロローグ】

おじいちゃんが亡くなって、もう半年になるのか…。

母と妹を除くと、祖父は僕のことを、唯一、理解してくれた人物だったかもしれない。それなのに、長くはないかもしれないと聞いてからも、仲の悪い父とはち合わせになるのがイヤで、最後まで会いに行かなかった。

それは、今も心の重しとなっている。

とにかく神戸には帰りたくなかった。なぜなら、実家に帰ると、亡くなった母のことをイヤでも思い出すからだ。具合が悪くてベッドから起きられない母、父親とのケンカ、ただ泣くだけの妹、そういうことを、すべて忘れたかった。

実家さえなければ、神戸という街は、大好きなのに…。

父に対しては、時々、どうしようもない怒りが込み上げることがある。それは、子ども時代から来るものだと思っている。

暴力をふるわれたわけではないので、どこが悪かったかを説明しにくい。うちの場合は、父親の「子どもへの無関心」が僕を蝕《むしば》んだ。父は大学での研究以外のことにまったく興味がない人間だった（そして、それは今も変わっていない…）。

決して愛がないわけではないから、始末に負えない。いっそのこと、悪人であってくれた方が、楽だったのかもしれない。

研究室に寝泊まりする大学教授の父親は、お金にもまったく興味がない。以前、財布を落としたことに3日間も気づかなかったことがある。警察から連絡があって、はじめて自分が財布を落としていたことを知った、という不思議な人だ。いろんな意味で世間離れしている。

父に対しては、もう1つ、わだかまりがある。病気になった母を大切にしなかったことだ。ガンとの闘病生活で、母は、父から精神的なサポートをもらえないままだった。病院にも僕が付き添って行った。痛みに耐えてがんばったかいもなく、母はあっけなく逝《い》ってしまった。

大好きな母に対する僕の複雑な感情も、まだ凍ったまま、フタをしたままになっている。母さんのお葬式のとき、まったく感情が感じられず、涙も出なかった。

あれから3年。いつか泣けるときが来るのだろうか。


お葬式といえば、僕はおじいちゃんのお葬式には出なかった。

父と顔を合わせるのがイヤで、ひどい風邪をひいたことにして、神戸には戻らなかった。「おじいちゃんが亡くなった事実」を受け止めたくなかったのかもしれない。

事業で大成功した実業家だっただけに、盛大なお葬式だったそうだが、僕が知っている人は、たいして来ていなかったはず。

その祖父も、もういない…。

＊

指定された高級ホテルのラウンジに着くと、バリッとしたスーツを着た老年の弁護士が、笑顔でこちらに手を振っていた。席につくと、彼は静かに話し出した。

「亡くなる少し前に、お見舞いに行ったとき、息子さんのことよりも、孫のあなたのことを気にしていました。『ガッツと器の大きさは、自分の息子ではなく、孫に引き継がれた』と、うれしそうに話されていました。あなたには、とても期待してらしたようですね。

それから、『**孫に大切なことを教える時間がなくなってしまった。このままだと、孫2人の成長する姿を見ることもできなそうだ。ただ、それだけが心残りだ**』と、本当に残念そうにお話しになっていました。それが、よほど大切なことだったのでしょう…」

そんなに僕のことを評価してくれていたのか…。折に触れて相談にのってもらっていたことが思い出された。東京の大学に行きたい、それから海外にもいずれ行ってみたいと言ったときは、ウンウンと頷きながら、「それは、いい！ ぜひ、海外に行くべきだ！」と、とても喜んでくれたなぁ。

弁護士の先生は、おじいちゃんの思い出話をしたあと、アタッシュケースから、大きな封筒を出した。「孫の敬に渡すように」とだけ、指示を受けていたようだ。僕が受け取りのサインをすると、サッと伝票をつかんでレジに向かった。

その「大きな茶封筒」は、しばらくの間、アパートの冷蔵庫の上に置いたままになっていた。何が書いてあるか、気にはなったものの、開けられずにいた。

それから2週間、試験が終わった盛り上がりの延長で、サークルの飲み会やバイトを掛け持ちしているうちに、時間が経ってしまっていた。

何度も開けようとしたけど、なかなか封を開けることができなかった。

封筒を開けてしまうと、「パンドラの箱」のように、もとには戻せないのではないか…という恐れがあったのかもしれない。

今から考えると、それは、ある意味で「当たっていた」のだけれども…。

封筒を開けることができたのは、おせっかいな彼女・絵美《エミ》の後押しがあったからだ。

絵美とは、付き合って半年になる。目が大きくて、とっても可愛いし、好きだと思う。でも、このままいって、「結婚」ということを今は考えたくなかった。

でも、最近、絵美は、僕たちの将来のことを遠まわしに聞いてくる。

もっと青春を謳歌したいし、最初に付き合った人と結婚するっていうのも、どうなんだろうなぁ？

彼女は厳しいけど、時に鋭いことを言ってくれる。彼女の一言で、「ハッ」と気づかされることがよくある。その意味では、悔しいが、ありがたい存在ではあった。

今回の件でもそうだった。

冷蔵庫の上に置いてあった封筒について聞かれて、つい自分のおじいちゃんや弁護士のことを絵美に話してしまった。

すると、彼女は急にハイテンションになって、早口で話し出した。

「ケイ、絶対に今すぐに封筒を開けるべきよ。それは、おじいさんからあなたへのメッセージだもの。開けてみないと何も始まらないって。勇気を持って、開けちゃおうよ。私がついてるからさ！」

いつにもまして、押しつけがましい言い方が気になったが、悔しいが今回も彼女の言うとおりだ。たしかに、ずっと放っておいても、ラチが明かない。

ドキドキしながら封を開けてみると、便せんには懐かしいおじいちゃんの手書きの文字が並んでいた。心なしか、字がちょっと弱々しい。

最初の手紙

【最初の手紙】

これをキミが読んでいるということは、私はもう、この世にはいない。

だが、私の死を悲しむ必要はないよ。


もっとキミと話せれば良かったのだが、残念ながら時間切れだ。

私が伝えたかったことを「手紙」に残すことにした。

私は、たくさんのお金を稼いで、「大富豪」と呼ばれるまでになったが、すべての資産を「奨学財団」に寄付してしまった。キミの父親にも、孫のキミたちにも、「財産」と呼べるようなものを、何も残さなかった。そのことを、どうか許してほしい。

その代わりに残すものは、「人生でいちばん大切なものを学ぶ機会」だ。

本当は、キミが大学生になったときぐらいから、いろんなことを教えてあげようと思っていたのだが、体調がすぐれず、段取りが狂ってしまった。

でも、人生って「そういうもの」なのかもしれない。

これから、恋愛、就職、転職、独立、結婚、出産、子育て、介護、自分の病気など、「人生の節目」で、キミの人生には、歓びと試練が交互にやってくるに違いない。

できれば、そういったことを経験するキミの人生を少しでも見届けたかったたし、求められればアドバイスをしてやりたかったが、どうも、このままだと難しそうだ。

この「手紙」を残すことで、その代わりとしたい。

キミあてに【9つの手紙】を書いたので、受け取ってほしい。

孤児の私が「億万長者」になるまでの80年に得た「人生のエッセンス」だ。

私が知りえたことはもちろん、うまくいかなかったことも、正直に書いた。
「手紙」の内容を身につけることができれば、仕事の成功、十分なお金、よい人間関係、家族との幸せな暮らしも、きっと手に入ると思う。

「次の手紙を開けるときが来た！」と思ったときに、順番に開いて読んでほしい。
まさに、いちばん必要なときに「次の手紙」を開くタイミングがやってくるはずだ。
それは、キミの「直感」で決めたらいい。
最後に私が伝えたいのは、キミたちをずっと大切に思ってきたということだ。
面と向かって言うことができず、申し訳ない。不器用な老人を許しておくれ。
これから、素晴らしい人生を送ってほしい。
さぁ、さっそく、【第1の手紙】を開いて、読んでみるといい。
グッド・ラック！

手紙を読み終えて、フ〜ッと大きく深呼吸をした。
すごい手紙だ。手が少し震えている。
生前のおじいちゃんの、いろんな顔が浮かぶ。
落ち着いてからよく見ると、茶封筒の中には、小さな「9通の封筒」が入っていた。
それぞれの封筒には、

【1：偶然】【2：決断】【3：直感】【4：行動】
【5：お金】【6：仕事】【7：失敗】【8：人間関係】【9：運命】

と達筆な筆文字で書いてあった。厚さからして、中には、数ページずつしか入っていないようだった。

絵美は、僕が読み終えた後、手紙を両手で抱きとめるように受け取ると、緊張した面持ちで読み始めた。途中、感動した様子で、何度も頷きながら字を追っていた。

彼女が横で手紙を読んでいる間、頭だけでなく全身の内側から「カッ」と熱くなるのを感じた。

何か、ものすごいことが起きそうな気がする。
胸がドキドキして、息を吸うのも苦しくなった。
手紙を読み終わった絵美は、僕を見ると頷いた。
彼女も同じ気持ちのようだった。

恐る恐る、【第1の手紙】を手に取った。
封を開けると、おじいちゃんの字が並んでいた。

第1の手紙：【偶然】

Synchronicity

第1の手紙：【偶然】

キミに、最初に言っておくことがある。

「偶然というものは、この世には存在しない」

では、それについて、これから説明するとしよう。
いつだったか、キミに「偶然」の話をしたことがあったね。
みんなで六甲山牧場に行ったときのことだよ。
偶然に偶然が重なって、呼ばれるように、私は15歳で上海《シャンハイ》に行くことになった。
キミはおもしろいと思ったのか、その経緯について、いろいろと聞いてきた。キミが小学生の頃だから、もう10年も前になるね。覚えているだろうか？

1つひとつの出来事は偶然のようだが、大きな視点で見ると、「決まっていたのかもしれない」と感じることがある。

たとえば、私が中国の上海に行くことを「決めた」ときも、そうだった。

上海から帰ってきたばかりの知人と道で出会ったり、先輩に中華料理をご馳走になったとき、隣の円卓は、上海行きの社員の壮行会をやっていたりと、偶然が重なった。

いよいよ東京に行くか、上海に行くかを決めなくてはいけないとき、新聞の一面に、「上海」という字が大きく載っていた。

それを見て、一瞬で気分がすっきりして、思わず笑ってしまったほどだ。

そして、私は上海に行くことを決めた。

あのときに、上海行きを決断し、若い頃に外国で何年も過ごしたからこそ、いろんな言葉を話せるようになった。おかげで、今の私には、世界中に、「心から信頼できる友人」がたくさんいる。それは、とても、楽しいことなんだよ。

これは、ほんの一例だ。そのときはわからなくても、後で振り返ったときに、複数の偶然の「点」が「線」に、そして「線」が「面」に見えてくる。私の歳になってくると、さらに「面」が「立体」に見え、「人生ってこういう具合にできていたのか！」と思えるようになるんだよ。

「これ以外の人生は、ありえなかったのかもしれない」と思うほどだ。そんな体験から、私は、「この世界に、偶然はない」と考えるようになった。

「単なる偶然」と考えるには、確率的にありえないほどの不思議な出来事を、80年の間に、何度も体験してきたからね。

人生は、偶然と思えるようなことが重なり合ってできているんだよ。俯瞰《ふかん》して見てみると、きれいな「タペストリー」のようだ。一見すると、相互に関係がないように見えるが、俯瞰すると、1枚の壮麗《そうれい》な「織物の絵柄」になっているのだよ。

今は、実感できないかもしれないけど、深いところで、私たちも相互に「つながっている」ことを知っておいてほしい。

「つながっている」とは、どういうことかを、もう少し説明しよう。

学校のクラスで席が隣同士になったり、同じ部活に入ったことがきっかけで、親友になることがある。また、同じ職場で同僚、上司、部下の関係になるのも、「つながっている（縁がある）」からだ。

昔からの友人も、今日、はじめて出会う人も、たまたま、カフェで隣り合った人も「つながっている」から出会うんだ。

そういった、自分の努力で得たわけではない「つながり」は、実にたくさんあるんだよ。ある意味では、「人智では測ることができない計らい」によって、キミのもとにやってきている「つながり」だと言える。

それを「神」と呼ぶ人もいれば、「運命」と呼ぶ人もいる。

でも、「単なる偶然では説明がつかない、人との出会い」がキミの人生を変える。

このことが腑に落ちれば、「自力ではなく、何かに生かされている」という感覚で、毎日を楽しむことができるだろう。


つまり、「人生を信頼して生きられる」ということなんだよ。

「これからの人生にも、素敵なシナリオが準備されている」と、安心できるようになる。するとね、「どんなことにも意味がある」ように見えてきて、目の前のことに「一《いっ》喜《き》一《いち》憂《ゆう》」することが減っていく。

人生では、物事が思いどおりにいくときもあるし、全然、進まないこともある。

また、「最悪だ！」と思ったことが、後になって「あのことがあって、よかった！」と思えたりもする。長い目で見れば、うまく帳尻が合うようにできているんだよ。


キミには、これからの人生で、「すべてのことには意味があって、自分を幸せにする

ために起こっている」という可能性を見てもらいたい。

もし、「いいことも、悪いと思うことも、いずれ自分の幸せにつながっていく」と、わかっていたとしたら、何を心配する必要があるのだろう？

こればかりは、自分の体験を通して腑《ふ》に落ちないと、わからないかもしれないね。いろんなことを体験していくうちに、きっと、わかるときが来ると思う。

では、「一見偶然に見える、意味のある必然」を、どう見つけたらいいかも、キミに説明しておこう。

英語では、それを「シンクロニシティー（Synchronicity）」と呼ぶ。

電車に乗り遅れたせいで、昔の同級生と出会うことができて、その「偶然」をきっかけに転職する。レストランで学生時代の先輩と隣り合って、後に一緒に起業する。そういったことは、ごく日常的に起きている。

特に、成功する人は、そんな何気ない偶然をつかんでいるんだよ。

普段だったら気に留めないようなことが、直感的に「ピン」ときたときは、よく観察してみたり、そちらに行ってみたりするのもいい。

「シンクロニシティー（一見偶然に見える、意味のある必然）」を見つけるコツはね、たとえば、カフェに入ったら、知り合いがいないか、グルッと見回すようなシンプルなことなんだ。

電車に乗ったとき、映画館やコンサートに行ったとき、横断歩道を渡るとき、「知っている顔」がいないか、ちょっとだけ時間をとって、あたりを探してみなさい。

気になった友人に電話をしてみる、普段は行かないところに行ってみる、道で友人にばったり会ったりしたら、食事やお茶に誘ってみるといいだろう。

また、歯医者や美容院の待合室なんかでは、普段、読まない雑誌を手に取る、カフェや電車で隣の人に話しかける、といったことをやってみるといい。

そうやって、普段よりも、ちょっと積極的に動くだけで「運命の女神」は、茶目っ気あふれる「しかけ」をしてくるんだよ。

本当に、キミに気づかせたいときには、「運命の女神が、偶然を2回、3回と続けて起こしたりして、気づかせようとする」ことすらある。

キミに必要な情報が、ベストのタイミングでやってくる。

このカラクリがわかれば、「どこにヒントが隠されているんだろう？」と考えるだけで、ワクワクするようになってくる。

言ってみれば、「偶然という宝探しゲーム」のようなものだ。

キミは「ザ・ローリング・ストーンズ」というイギリスのロック・バンドを知っているよね。全世界でのアルバムの売上が2億枚を超えるといわれる世界的なバンドだ。

1950年代初め、後にメンバーとなった、ミック・ジャガーとキース・リチャーズは、幼馴染《おさななじみ》で同じ小学校の同級生だったが、その後、ミックの家族が引越しをしてしまい、離れ離れになったんだ。

その後、10代となり、ミックがロンドンの名門大学への通学途中のこと。

駅にいたときにミックが小脇に抱えていた「数枚のレコードアルバム」が、専門学校に通うキースの目に留まり、キースがミックに声をかけるきっかけとなる。

再会をはたした2人は意気投合し、その翌年に、「ザ・ローリング・ストーンズ」を結成することになる。その後の業績は、知ってのとおりだ。

どうだい？　ミックとキースは、「偶然」を活かして、全世界に影響を与えるほどの功績を残したと言えないかね（※1）。

「シンクロニシティー」をチャンスに変えられる人と、そうでない人の違いは、実に大きい。誰にでも起きている「偶然の魔法」を、自分の人生を飛躍させるために使えなければ、ワクワクするような人生は望めない。

ちょっと、難しい話をしてしまったかもしれないが、人生で起きる偶然を、自分の人生を切り開く「きっかけ」にしてもらいたい。

「どんなことが起きても、それは自分を幸せにするために起こっている」という感覚を、この【第1の手紙】で伝えたい。

さぁ、これから、世界各地にいる私の友人たちに会いに行って、人生について教えてもらうといい。ある時期に私が人生を共にした人たちだから、私の代わりとなって、きっとキミを導いてくれることだろう。

みんな、それぞれに素晴らしい人たちだよ。彼らと友人であるというだけで、とっても誇らしい気分になるほどだ。

彼らに会ったら、よろしく言ってほしい。「死ぬまで（いや、死んでも?・?・）、彼らに感謝していた」とね。

さて、【第1の手紙】は、ここまでだ。思ったより長く書いてしまった。

自分の「直感」に意識を向けて、「偶然は必然」という感覚を持って、これからを過ごしてもらいたい。

そう遠くはない未来に、【第2の手紙】を開くタイミングがやってくるはずだ。

最後に、もう一度、言うが、

「偶然に起きることはないし、偶然に会う人もいない」。

まわりで起きていることに、直感を研ぎ澄まして、意識を向けなさい。

幸運を祈る！

手紙を読み終えてしばらくは、２人とも放心状態だった。

長い沈黙のあと、手紙の内容について、２人で少しずつ話し始めた。

絵美《エミ》は、「手紙に書かれていた偶然を追いかけていってほしい。本気で応援しているから」と言うと、少し、さみしげな顔をして帰っていった。

1人になって、手紙の内容について考えてみた。

「偶然と直感に意識を向けることで、人生が動き出す」って、どういうことなんだ？　たしかに、テレビとかに出てくるような「すごい人」は、ちょっとした偶然をつかんで、成功しているよなぁ……。

この前、雑誌のインタビューで、ある事業家が、「飛行機で隣り合った人と意気投合して、一緒にお店をやることになった。それが、今や社員何百人という会社に成長した」という体験を話していた。彼は、「チャンスがない、と文句を言っているうちはダメだ」とも言ってたけど、このことなんだな。

そういえば、ドイツの哲学者のショーペンハウアーの名言に、**「運命がカードを混ぜ、我々が勝負する」**というのがあるって、ドイツ語の授業で教わったばかりだ。おじいちゃんも、そういう心構えで生きていたのかなぁ。

今、僕が「人生の大きな転機」にいるのは間違いない。

このまま大学生活を送って、流されるように適当に就職するのは、イヤだ。

「ゼロから大富豪にまで上りつめたおじいちゃんの人生」をもっと知ることで、僕が進むべき道が見えそうな気がした。

そんなことをつらつらと考えているうちに、いつのまにか眠ってしまった…。

*

次の日、大学に行くと、試験が終わったばかりのキャンパスは、いつもより人通りが少なかった。

みんな解放された気分から、ちょっとハイになっていた。冗談を言って大声で笑う学生、鼻歌を歌っている学生、大声で演劇の発声練習をする学生たちが、思い思いに、午後のひとときを過ごしていた。

「関西方面への飛行機、今ならなんと、30％引きになりま～す！」

と大声で叫びながら、通りでチラシを配っているアルバイトの学生がいた。

ゾクッ…。

いつもなら素通りしているはずなのに、手渡された「チラシ」が、妙に気になった。

「このゾクッとくる感覚」はなんだろう。こういう偶然を追いかけることが、人生を切り開くのかも。これが「偶然と直感を活かす」ということなのか？

これは、「神戸に帰ってあの弁護士の先生に会って、おじいちゃんのことをもっと聞いてみろというサイン」なのか…。

よくわからないけど、とにかく行ってみることにした。チラシにあった地図を頼りにしばらく歩くと、旅行代理店が入っている雑居ビルを見つけた。

ドアを開けると、狭い店内は春休みの旅行のために「格安チケット」を探す学生で、ごった返していた。

さて、どうしたものか、と思ったその瞬間、すぐ後ろで大きなベルが鳴った。

「タイムセール！！！　明日、午前の便にキャンセルが出ました。小樽《おたる》、先着2名さま、半額で行けます！　半額で〜す！！」

半額という言葉に反射的に体が動いて、思わず「小樽行き」と叫んだ人のカウンターにダッシュしてしまった。

その僕よりも、さらにすばしっこく前に並んだ人間は、アクセントからすぐ関西人だとわかった。関西人は、お得なものに体が動いてしまうのだろうか!?

ノリで手続きを終えてしまったあとで、すぐに疑問が浮かんだ。

「半額につられて動いてしまったけど、なぜ、僕が小樽に行く必要があるんだ？」

小樽には知り合いはいないしなぁ…、と考えていたとき、「あっ！」とあることを思い出した。

そういえば、毎年、北海道から、おじいちゃんの家に「カニ」を送ってきてくれた人がいた。たしかおじいちゃんの元部下で、小樽に住んでいる人だ。

そう、名前まで思い出した。

「カニを送ってくれる人の名前、知っている？　猿田《サルタ》さん、ていうのよ。猿田さんからカニなんて。童話の『さるカニ合戦』みたいやわ〜。おもしろいわ！」とおばあちゃんが言って、申し訳ないけどみんなで大笑いしたのを思い出した。

とにかく、なぜ小樽に行くのかわかった。おじいちゃんのことをよく知る元部下の猿田さんに、昔の話を聞いてみたい。

そうとわかれば、即行動だ。行くぞ！！

普段はグズグズして動けない僕なのに、不思議に動けている。

これには自分がいちばん驚いた。僕だって、やるときにはやれるのだ！

神戸の実家にいる妹に問い合わせると、すぐに猿田さんの連絡先がわかった。

早速、電話をして、自分が佐藤泰《タイ》三《ゾウ》の孫であること、そして、「明日、急に小樽に行くことになったのだけれど、よかったら会ってもらえないか」と伝えた。


猿田さんは突然の電話に少し驚いていたようだが、すぐに快諾してくれた。

これが、「偶然を活かす」ということなのかも？

よくわからないが、とにかく行ってみよう！


飛行機の中で、もう一度【1：偶然】と書かれた手紙を読み返してみた。

そもそも関西に行こうと思っていた自分が、小樽に行くことになった…。

こんなに遠くまで、軽いノリで来てしまったけど、何か意味があるんだろうか。

きっと、何かがあるに違いない。いや、そう思いたい。

現地に行って、はじめてわかることもあるはずだ。
あれこれと考えたところで、不安はつきない。

このあと、どうするべきかヒントがほしい。
よし、今こそ【第2の手紙】を開けるときだ！
すがるような思いで【第2の手紙】を開いた。

第2の手紙：【決断】

Decision

第2の手紙：【決断】

この【第2の手紙】を開けているということは、きっと偶然に導かれて、キミが何かを決めようとしているタイミングなのだろう。

「成功に必要なことは、なんですか？」と聞かれることがよくあった。

私は、「決めることだ」と答えてきた。

なぜなら「決断することとなしには、何も動かない」からだ。

進学、就職、転職、結婚、独立などに関して、「決断をせず」に先延ばしにしていると、ごく目先の安全や安定は得られても、心が躍るような人生にはならないんだ。

もう一度言うよ。「決めると、物事は動き出す」。

「決めるためのスタート時点」では、才能も、お金も、時間も、まったく必要ない。

信じられないかもしれないけれど、「決断した瞬間」に、「その未来は、同時に誕生する」。

「決断した瞬間に、現在と未来を接続する回路が生まれる」と言ってもいい。

その未来が、時間と共に、向こうからキミのいる方に近づいてくるんだ。

逆に「決められないこと」は、キミの人生にやってこない。

もし、世界がそんな風にできていたとするならば、「決めた分だけ、人生はおもしろくなりそう」な感じがしないかな？


だから、仕事、住む場所、結婚相手という大事なことから、レストランのメニューや、遊びに行く場所といった、ごく日常のことまで、これからは、積極的に「決めるクセ」をつけてほしい。

最初は、ただ好奇心を持つだけでもいい。

そして、「やろう!」と「決断」することで、「扉」が開く。

この世の中にはね、「キミの理解を超える素敵な世界が存在している」んだよ。

私の人生は、おもしろい偶然と、想像を上回る驚きの連続だった。

それは、いつも積極的に私が「決めてきた」からだと思う。


「決断をすること=自分の新しい未来を創り出すこと」だと覚えておいてほしい。

「決められないこと」は、現実にならない。

だから、キミには、たくさんのことを決断して、自分の人生を積極的に創り出してもらいたい。


そして、決めることに慣れてきたら、キミには「もう1ランク上の決断」ができるようになってほしい。それが、どういうものか、説明しよう。

多くの人はね、今の状況を「平面的」に見ているんだ。平面に電車が走っているとして、どの方向に行くのかだけを、考えているんだ。
たとえば、1本だった線路が、「ある分岐点」で5本に分かれているとしよう。
その5本の道は、どれを選択しても、「今のキミの想定内の未来」だ。
同じ平面の上にある限り、どれを取っても「想像を超える未来」は見えない。

つまり、「平面の上で、右へ行くか左へ行くか」という決断ではなく、「1つ上の階層から見て、その意識で決断できるかどうか」で、キミは、まったく違う世界へと、ジャンプできるんだよ。

1つ上の階層に行くとね、今までまったく見えていなかった「新しい未来」が見えてくる。新しい未来は、未知の「パラレル・ワールド」なんだ。

今まで平社員だったのが、「役職」がついた途端に見える世界は違ってくるものなんだよ。サラリーマンだったのが、独立して社長になると、全然、見える世界が違って感じられるだろう。

これが、人生を変える「次元上昇《じげんじょうしょう》」と呼ばれるものだ。成功している人は、みんな、こうした「人生のステージを変えるジャンプ」を繰り返し体験している。

ユニークな人生を生きたければ、これは必須のことなんだよ。


キミは、ロジャー・バニスターというイギリスの陸上選手を知っているかね？

世界中の陸上選手が「１マイル（１６０９メートル）で4分を切るのは、誰にも不可能だと考えられていた」時代、１９５４年に人類ではじめて1マイル4分を切り、３分59秒４という記録を打ち立てた。


でも話はここで終わらない。なんと、ロジャー・バニスターが記録を打ち立ててからの1年の間に、23人もの選手が「１マイル4分を切る記録」を打ち立てたんだ（※2）。

これは、どういうことを意味すると思う？


つまりね、人間には「できないと思った未来はやってこない」し、「できると決めた未来はやってくる」ってことなんだよ。

これこそね、「できると決断」すれば、その未来は同時にでき上がり、それが未来から、近づいてくるということの証明だと思うんだよ。

さて、こういう話をすると、「でも、そもそも、何をどう決めたらいいか、わからない」という質問をする人がいる。

これまでにもよく聞かれたので、それについてもアドバイスをしておこう。

現時点で「何を、どう決めたらいいか、わからない」ならば、

「最高の未来を手に入れる」

と、決めてしまえばいい。それが具体的にどんなものか、今は何かわからなくてもいいんだよ。「最高の人生を生きる」とだけなら、誰にでも決められるだろう。

それができたら、想像力を駆使して、最高の人間関係、パートナーや友人との関係、勉強、仕事、経済状態などをイメージしてみてほしい。

「今の延長線上でない、まったく違う次元の未来」をイメージしてほしいんだ。

それさえできれば、感覚が変わり、日々の行動が変わり出す。

するとね、「最高の未来」が、少しずつ、向こうからやってくるようになる。

一方、普通の人はどうしていると思う?

みんな目の前にある選択肢の中から、「ベスト」ではなく、「ベターなものを選ぶのが安全だ」と考える。これが、大きな落とし穴なんだよ。

たとえば、今の自分の成績で、現実的に行けそうな高校や大学、就職のときも、自分を雇ってくれるところだったら、どこでもよかったりする。

「目の前にある選択肢の中から、良さそうなもの(ベター)を選び続ける」かぎり、心からワクワクする人生は送れない。

なぜなら、目の前にある選択肢の中に、「本当に欲しいもの」が必ずあるとはかぎらないからだ。その中に「最高の未来(ベスト)」は、まずないだろう。

「最高の未来は、いつも、今の意識の外にある」のだから。

大半の人は、最高の未来を見るよりも、目の前の安定を見がちだ。下手に理想を追い求めても、必ずしもそれが手に入るとはかぎらない。「高望みして、後でがっかりするのがイヤだから、最初から夢を見るのをやめた方がいい」というわけだ。

「がっかりする可能性があるから、最高の未来を見ないようにしている」のだとしたら、非常に損をしているかもしれないんだよ。

だから、何も決断しない、行動しないことが、いちばんのリスクなのだよ。

「不安のコスト」＝「手に入ったかもしれない最高の未来」となる。

これは、本当にもったいないことだと思わないかい？

だから、キミには、「決断すること」と「人生を信頼すること」の両方を同時に練習してほしいんだ。「どんなことがあっても、幸せな結果につながる」という感覚を、ぜひ身につけてほしい。

楽しい人生を生きるためには、それが不可欠だと私は思う。

そして、最後に肝心なことをもう1つ。**「決めたことは、紙に書かないと実現しない」と覚えておいてほしい。**「大きな決め事」については、特にそうだ。

いいかい？　決めたら、必ず「決めたことを紙に書く」んだよ。

そうすると、自分でもびっくりするようなおもしろい人生になる。


さて、この手紙を読んでいるキミは、今、何を決めなければならないのかな？

それと、じっくり向き合ってほしい。

ある哲学者の言葉にこういうのがある。


「人生のすべてを一瞬で変えることはできない。

だが、進む方向は、一瞬で変えることができる」


今、決断しなさい。

「最高の人生を生きる」とね！

キミが深いところで「決める」と、きっと、何かが動き出す。

幸運を祈る。


「ジーン」と全身にしびれが走った。

手紙から、おじいちゃんの体温が感じられた。

やさしさと厳しさが、衝撃波のように、同時に伝わってきた。

若いおじいちゃんの部下たちが、何十年か前に教わっていたように、今、僕もおじいちゃんに教わっている。

直接、教わることはできなかったけど、手紙を通じて教わり、そして応援されている感じがする。そう思うと、すごくワクワクした。

おじいちゃん、ありがとう！

何としてでも、「最高の人生を生きる秘密」が知りたいと、僕は思った。

そのためには、おじいちゃんがどんな人物なのか、何をしてきたのかを、もっと、もっと知る必要がある。

そうすれば、その旅の過程で、きっと僕がこれからの人生で何をやるべきかも、見えてくるに違いない。

さっきまでウジウジ悩んでいたけど、そういうことはヤメなくちゃ。

よし、決めよう。いや、決めた！


僕にしかできない、最高の人生を生きるぞ！

僕は、さっそく、おじいちゃんに言われたとおりに、「ノート」を取り出すと、「僕にしかできない、最高の人生を生きるぞ！」と書き留めた。

決断した瞬間に、「これより、着陸態勢に入ります」というアナウンスが聞こえた。

しばらくして、僕の乗った飛行機は、北海道の大地にすべりこむように着陸した。

＊

空港から電車とバスを乗り継いで、妹にもらった小樽《おたる》の住所を手がかりに行くと、海を見下ろす丘の上に、大きくて素敵なログハウスが建っていた。

呼び鈴を押すと、きれいな白髪の紳士が出てきた。猿田《サルタ》さんだった。

「わぁ、温泉に入っているお猿さんそっくりだ！　この人が、毎年、カニを送ってくれていた人か～」と本来は感謝すべきところなのに、不謹慎にも思わず吹き出しそうになったのを、僕はグッとこらえた。

そんな失礼な僕の考えをよそに、猿田さんは、

「よくきたね！！」と僕の手をガシッと握って、心から歓迎してくれた。

玄関を抜けると、そこは、まるで外国の映画のように、とても明るくて開放的なリビングになっていた。


暖炉には薪《まき》がくべてあって、パチパチと勢いよく燃えていた。

海外の邸宅にお邪魔したような感じだ。

きっと、おじいちゃんの元を離れた後に、自分の事業で成功したのだろう。

奥様がお茶を持って来てくれた。

毎年、送ってくれたカニを、家族みんなでとても楽しくいただいたことを話して、感謝を伝えた。みんなあのときは、楽しそうだったなぁ。

そのことを伝えると、猿田さんは、顔をくしゃくしゃにして喜んでくれた。

ひとしきり世間話をした後、猿田さんが切り出した。

「さて、敬《ケイ》さんは、おじいさんである泰三《タイソウ》さんのことを知りたいんでしたね。具体的に、どんなことを知りたいのですか？」

「祖父とは、一時期は一緒に住んでいたのに、仕事でどうやって成功したかなど、昔の話を聞かないうちに、亡くなってしまったんです。祖父が何を考えて、どう生きたのかを知りたいんです」

するど、遠い昔の思い出をかみしめるようにして、猿田さんは語り出した。

「なるほど、あなたが期待している答えになるかわからないけど、お話ししましょう。あなたのおじいさんのことを、私は、大将と呼んでいました。大将とはじめて会ったのは、ちょうど、今の敬さんと同じぐらい。19歳の頃でした。そこから、5年近く、働かせてもらいました」

「それからも、ずっと交流はあったんですか？」

「はい、働かせていただいた時間は短くても、一生のお付き合いになりました。その後も、人生の節目、節目で、たくさんの助言をもらいましたねぇ。早く父を亡くした私にとっては、あなたのおじいさんは、父親であり師匠でした。本当にお世話になりました。私は、生涯、大将に受けた恩を忘れません」

「そうですか。うれしいです。祖父はどんな人だったのでしょうか?」

「あなたのおじいさんは、一言で言うと器の大きな人物でしたよ。相手が誰であっても受け入れる大きさと温かさを持っていました。

出会う人は、みんなあの人の虜《とりこ》になってしまうんですよ。

それから、人助けが大好きで、あなたのおじいさんにお世話になった人は、どれだけいるかわからないほどです。とにかく『与える人』でした。だから、みんなに愛されていましたね」

家にいるおじいちゃんとは、少し違う印象だ。

たしかに大物っぽい空気はあったけど、そんな人だったのか…。あらためて聞けて、ちょっとうれしくなった。

「猿田さんが、祖父に教わったことって、なんでしょう？」

「教わったことはいっぱいありますが、いちばん学んだことは、『決める』ことです。『お前が本気で決めないから、未来も決まらないんだ！』と、何度、叱られたことか」

「でも、人ってなかなか決断できないですよね」

「そのとおりです。それは、『決断』をする前に、クリアしなければならない大きな問題があって、ほとんどの人がここで引っかかるんです。

それは、『**決断に対する不安と恐怖を克服すること**』です。


何か新しいことを始めるとき、最初に出てくるのが、『決断することへの不安』です。

私自身、人生で何千回も体験してきました。

『できれば、今、決めたくない』と感じるのは、ごく普通のことだし、自然なことです。その理由は、古くは原始時代にまでさかのぼります。その頃、冒険心や好奇心を持って外の世界に出て行った人間は、どうなったと思いますか？」

「どうなったのでしょう？」

「たぶん、他の動物に食べられたり、怪我をした可能性が高いでしょうね。私たちは、リスクを冒さずに洞窟の奥に隠れていた臆病者の子孫なんです。

敬さんも、東京の大学に行くと決めたときは、不安を感じたかもしれませんよね。**人は、決断をするとき、不安や恐れを感じるものです**。それは、何かを決めようとしたとき、『これでいいんだろうか？』『もっと、いい選択肢があったんじゃないか？』と考えてしまうからです」

「すごくわかります。でも、決められないと、その後の人生も進まないですよね」

「そのとおりです。だから、留学、結婚、転職、独立、子どもを持つ、などの人生の重大事項に、しっかりと向き合えない人がたくさんいます。そして、なんとなく待ちの姿勢になっている間に、タイミングを逃してしまうんです。

危険を恐れて外国に行かない、傷つくのを恐れて好きな人に告白しないというのでは、何も起きないままでしょう」

「いや…、まさしく僕がそういう状態です。どうすればいいんですか？」

「対処方法は3つあります。

1つ目は、『不安や恐怖を感じて当たり前だ、と気づくこと』です。誰しも変化は怖いですからね。その部分をしっかり認めてあげれば、逆に安心できるんです。人間の心理は不思議で、『不安や恐怖を感じてもいい』と自分に許可を与えると、かえって不安を感じ続けることができなくなるんです。おもしろいでしょ？

2つ目は、『不安の裏側にあるワクワクする気持ちにフォーカスする』ことです。未来に対する『ワクワク感』が『不安』を上回れば、不安はいつのまにか、どこかに行ってしまい、『もっと前に進もう』という気分になります。

冷静になれば、『不安もワクワク感も、同じ量だけあると気づく』はずなのです。ここに気づくと、ブレーキが外れやすくなります。そうすると、決断のストレスが少ない状態で、決めることができます。

3つ目は、『決断にストレスを感じることほど、即決する！』ことです。

『決めるのが怖いと思うこと』ほど、すぐに決めてしまうクセをつけることです。

決断には、『断つ』という字が入っています。つまり、決めるという行為には、『それ以外の選択肢を断ち切る』という意味もあるのです。

だから、決められないなぁと思ったら、逆に、そこで即決するのです。

『すぐに決断する習慣』を身につけると、スタート地点で足踏みをしなくてすみます。人生の無駄な時間の大半は、『これって、うまくいくんだろうか？』と、スタート地点で躊躇《ちゅうちょ》して、『何もしていない、待ち時間』なんです」

「いや、本当にそうですね。とにかく、すぐに決めてしまう…。目からウロコですね」

「不安を感じたり、未来を恐れてとどまっていては、何も生み出せません。

この世界は危険な場所ではなく、素晴らしいところなのですから、『**心配していることの90%以上は、実際には起きない**』んです。これまでの人生を振り返ってよく考えてみれば、納得がいくはずです」

「なるほど。そうかもしれません」

「私は、『決めることの力』を人生を通じて実感してきました。いったん決めると、そこにすごいエネルギーが発生するんです。それが、まわりを巻き込んでいく、というわけです。

特に、成功者ほど、『本気で決めて生きている人』を、一生懸命に応援したがります。

私も、事業を始めたときは、まったくゼロからスタートしたのに、がんばっているうちに、1人、2人と協力者が現れて、助けてくれました。そして、彼らが新しいお客さんや従業員、有力な取引先を紹介してくれたんです。

だから、私も社員には、よく言い聞かせています。本気で決めれば、誰かがきっと助けてくれると」

「まだ、僕にはあまり経験がありませんが、たしかに部活でがんばっているときは、そうでした。一生懸命やっていたら、まわりが助けてくれるんですね」

「それから、大将は、『**決めると、未来も決まるんだ！　今日は何を決めた？**』と、よく言っていました。何十年経っても、あの迫力は、昨日のことのように思い出せます。あなたのおじいさんの教えは、私の中にも、社員の中にも、活かされていますよ」

「そうか。祖父は熱い人だったんですね。家ではそうでもなかったなぁ…」

「敬さんが物心つく頃には、ずいぶんと落ち着いていたんでしょうね。でも、若い頃は、そこまで器用ではなかったはずです。だから、息子さん、つまりあなたのお父さんは、結構、あのエネルギーでグイグイやられて、大変だったのではないかと思いますよ。孫には甘くても、自分の子どもには厳しいものですからね」

祖父との軋轢《あつれき》があって、父さんは自分の殻に閉じこもるようになってしまったのかも。そうだとすれば、父さんも、結構、大変な思いをしたのかもしれない。

話を聞きながら、父の子ども時代をなんとなく想像していた。

そうぼんやり考えていると、猿田さんが続けた。

「若いって、いいですね。敬さん、私はあなたのことを心から応援します！」

「うれしいです。僕も、猿田さんに約束します。自分らしい人生を生きるために、これから旅に出て、人生の意味を見つけてきます。何年かかるかわかりませんが、見届けてください。祖父の代わりに。そして、また報告のためにきっと戻ってきますね」

僕が差し出した手を、グッと猿田さんは握り返してくれた。

彼は興奮した顔で言った。

「いいでしょう。あなたのユニークな人生を見届けることで、大将にささやかな恩返しができる感じがします。こちらこそ、ありがとうと言いたいです。ぜひ、がんばってください。最後に、もう1つ。今思い出したのですが、

『迷ったら、怖い方に飛び込め』

とよく言われていました。参考になれば…」

「ぜひ泊まっていってほしい」という猿田さんご夫妻の温かい申し出をありがたく受け入れ、泊まらせてもらうことにした。

布団に入っても、気持ちが高ぶってなかなか寝付けなかった。

「決めることが人生のカギだ」と言われたけど、僕は決められるのだろうか？

あれこれ考えて眠れなくなった僕は、ベッドから起き上がって、ごそごそと手紙の束をカバンから出した。

【第3の手紙】には、「直感」と書いてあった。

バッチリのタイミングだ。

今こそ、「どう直感を使えば決められるのか？」について学ぶ、ベストなときではないだろうか。

猿田さんには、あの場の勢いで宣言したものの、行動力もなく、意志も弱い僕に自分らしい人生を生きられる自信は、まだない。

そんな僕が成功するためには、「直感」をフルに活かす必要がある気がした。

「今、それを学びたい！」という気持ちが抑えられなくなってしまった。

封を切るとき、ドキドキした。手紙を出してみると、数ページの便せんに、びっしりと文字が書いてあった。

第3の手紙：【直感】

Intuition

第3の手紙：【直感】

キミがこれを読んでいるということは、今がベストなタイミングなのだろう。

感じるかな？　キミはもう「流れ」に乗っているんだよ。

今日は、何かを決めるときに大切な「直感」がなんであるか、それをどう使えばいいのかを教えたい。

直感と言われても、それって、ただの「カン」かなと思っているかもしれない。
直感は「英知《えいち》」であり、キミを幸せに導く、ナビゲーションシステムだと言える。
それは、「深いところで、すべてを知っている部分からの信号」だと思ってもいい。
だから「キミにとって必要な信号しか送らない」ようになっている。

つまりね、**「自分にとって何が大事かは、その人の心と体がちゃんと知っている」**ってことなんだ。

だから、直感を無視していると、心や体が悲鳴をあげるようになるんだよ。

嫌いな仕事を我慢してやり続けている人が、体調を崩したり、ウツになるのは、そういう理由だと、私は思う。

では「直感」は、どうやって受け取るのか？

ワクワクする、ゾクッとくる、体が熱くなる、楽しくなってくる、などが「直感からのサイン」なんだよ。幸せな人生を送りたいなら、直感を読み解く技術を身につけることが必要なんだ。

自分が進むべき方向にいるとき、人は自然と高揚感を感じるものだ。

「これで、いいんだ！」と、心も体もポジティブに感じるようになっている。

逆に、本来の自分から遠ざかると、イヤな気分になったり、なんとなく気分も落ち込むものだよ。

「この人と付き合うのは止めた方がいいな」とうすうす感じながらも、ズルズルと関係を続けて、ひどい目に遭う。「この会社は合わないな」と感じていたのに、いい条件にひかれて就職し、数年して心も体もボロボロになって辞めるハメになったりする。

本当はわかっていたのに、自分の直感を信じなかったがために、後で「しまった！」と思うことは、誰しも、一度や二度はあるはずだ。理性やいろんな感情が邪魔して、「自分の内なる声」を聞けなかったわけだね。

直感は、いつも「キミの幸せのため」に働いている。

だから、大切なのは、心の声に素直にしたがうことだよ。**理性ではよくわからないときでも、「心と体で得た直感に、人生をゆだねる勇気」を持つこと。**

「なぜかわからないけど、直感にしたがってみよう」という感覚が大切なんだ。

そのためには、「直感の特徴」を知っておいてもらいたい。

直感は、深いところから発信される情報の「波」だ。

急に「ドバッ！」とやってくることがあったり、「パタリ」と止まることもある。そんなときは、人生が「踊り場」に来たか、もしくは「道を誤った」可能性もある。

そうしたら、次の情報を受信するまで、ちょっと休むというのもアリなんだ。

ただね、直感が来たときに「これだ！」と感じたら、大胆に行動するんだよ。キミには、「波乗りの達人」のような躍動感に満ちた人生を生きてもらいたい。

直感にしたがうと、その後、おもしろい「偶然」が次々に起きてくる。

「おもしろい！」「これからどうなるんだ！」「波に乗っているなぁ！」という感覚で旅をするのは、人生でもっとも楽しくて、ワクワクする体験なんだよ。

「決めるのが大事」だと前の手紙で言ったが、大切な局面で決断するときは、「理性や論理」で決めてはいけない。決めるときは、「直感」で決めてみよう。

何事にも直感を使うようにするうちに、一瞬で決められるようになる。ビジネス、アート、政治などの世界でも、成功している人は、自分の直感を大切にしている。慣れれば、どんなことでも、「10秒」もあれば決められるようになるんだよ。その結果「決断と行動が早いので、普通の人よりも成功できる」というわけだ。「才能があるから成功できる」わけではない。他の人がいろいろと迷ったり、心配している間に、「人の3倍も挑戦すれば、成功しないわけがない」ってことなんだよ。

キミは、アップルの創業者であるスティーブ・ジョブズを知っているかね？彼が２００５年に「スタンフォード大学」の卒業式で行ったスピーチは、多くの人々の心に共感を与えた。

「あなた方の時間は限られています。だから、本意でない人生を生きて時間を無駄にしないでください。ドグマにとらわれてはいけない。それは他人の考えに従って生きることと同じです。他人の考えに溺れるあまり、あなた方の内なる声がかき消されないように。そして何より大事なのは、**自分の心と直感に従う勇気を持つことです。**あなた方の心や直感は、自分が本当は何をしたいのかもう知っているはず。ほかのことは二の次で構わないのです」（※3）というものだ。

スティーブ・ジョブズも、また、「直感」を非常に大事にしていた1人だったということが、このスピーチからもよくわかるだろう。

大切なのはね、「直感の決断が正しいかどうかは、気にしないこと」だ。

なぜなら、「選んだ後に、全力を尽くすこと」が大切で、それさえできれば、たいていのことはなんとかなるからね。

だから、直感を使って「迷いのない決断」をして、どんどん行動することだよ。

いいかい？「人生で、いちばんつまらないのはね、何も決めないいまま、ただ時間をダラダラと過ごしてしまうこと」なんだ。

そして、好きでもない生き方を続けるハメになる。でもね、しばらくすると、「このままの人生で、本当にいいのだろうか?」と悩むようになるんだ。

その状況に陥ると、たいていの人は、「具体的な行動を起こすエネルギー」すらもなくなっている。やがて、「どうせ何もできっこない」と諦めるようになって、マイルドなウツ状態になってしまうんだ。

そうなると、退屈な老後を迎えるだけの人生になってしまう。

そんな生き方でいいのか、今一度、考えてもらいたい。

私は、これまでに大切な局面で、何度も直感に頼ってきた。

一時的には、「失敗したかもしれない」と思ったこともあるが、後から振り返ると、その決断が間違っていなかった、ということばかりだった。

直感を使うのは、慣れない筋肉を使うようなものだから、最初はちょっと疲れると思うが、そのうち上手になっていくよ。

どうか「直感」を、自分の中心に据えてほしい。
そして、「直感」で、どんどん、いろんなことを決めて、行動してもらいたい。

さぁ、キミは、これから何をやるのかな？

次の朝、目覚めはさわやかだった。理由もなく、なんだかワクワクしていた。「最高の人生を生きる！」と決めると、こんなにも世界が違って見えるのか。

「感じるかな？　キミはもう『流れ』に乗っているんだよ」

という、おじいちゃんの言葉がよみがえってくる。

朝ご飯を食べながら、猿田《サルタ》さんはずっとニコニコしていた。

「敬《ケイ》さん、あなたを見ていると、こちらまで楽しくなってきます。これからが、本当に楽しみですね」

「はい、僕もです。昨夜、僕は本気で『最高の人生を生きよう！』と決めました。でも、これから何をすればいいのか、まったくなんの手がかりもないので、ちょっと困っています。こんな質問の仕方で申し訳ないのですが、いったい、僕は、何をすればいいのでしょう？」

「私なら『直感』を使って、感じるままに行動するでしょうね。日常生活で起きる、ちょっとした偶然を、私は見逃さないようにしてきました。それは大将に教わったことでもあるんですよ」

「あの…、もう少し、直感をどう感じればいいか、説明してもらえませんか？」

「直感とは、感覚です。『5感』のいずれかで受け取る人もいれば、『第6感』として

感知する人もいます。

たとえば、未来のことを考えたときに、イメージが見えるというのは『視覚』を使っている人ですね。

何か匂いがするという人は『嗅覚』を使う人です。

ゾクッとくる、イヤな感じがするとしたら、『皮膚感覚』を使う人でしょう。

いい音が聞こえる、音楽が聞こえるという人は、『聴覚』を使っているのです。

口の中で甘みを感じる、苦い感じがするという人は、『味覚』を使っている。

第6感は、『それが正しい感じがする』という、ちょっと不思議な感覚です。

これは、どの感覚とも違って、『ただ、そう感じる』というものです。

不思議なことに、人によって、直感を感知する回路は、全然違います」

「なるほど」

「では、いちばん基本的な『直感の使い方』を教えましょうか。

大きく分けて『3つのステップ』があります」

猿田さんは、そう言うと、紙に3つの数字を書き始めた。

【1】目をつぶって、心を静かにする
【2】自分が決める内容をイメージする
【3】直感の答えが、どういう経路で来るかを見る（あるいは感じる）

「簡単でしょ？」

「なんかできそうな、できなそうな」

「では、一緒にやってみましょうか？　1つ深呼吸をして心を静かにして、自分の内側を見ていきましょう。そして、5感のうち、主にどの感覚を使って自分が直感を受け取るのか、調べてみましょう」


目を閉じて、言われるとおりにしてみると、いろんなイメージが見えてきた。でも、僕には、なんの音も聞こえないし、匂いもしなかった。

「そうですね。わかりました。僕の場合は、イメージで見るのが得意だと思います。あと、背中が『ゾクッ』ときました。それにしても、人によって、音で聞こえる人、体の感覚で感じる人、匂いがする人もいるなんて、おもしろいですね。ところで、直感って、どんな人でも感じ取ることができるのですか？」

「もちろん！　**でも、みんな、なんらかの情報は受け取っているのに、それを『直感を受け取っている』と認識できないだけなんですよ**」

「ということは、成功している人も、していない人も、情報が来ているのは同じで、それを認識できているかどうか、ってことなんですね」

「そのとおり。ラジオ局が放送する電波は、受け手に関係なく発信されているんです。それを受け取るかどうかは、本人次第でしょう。みんな受信機を持っているんだから。

違いは、『直感を受け取るスイッチを入れるか、入れないかだけ』です。でも、この違いは、時間が経つにつれて、とてつもなく大きくなります」

「わかりやすい説明ですね！　では、直感のスイッチの入れ方を教えていただけますでしょうか？」

「まず、手軽なのはですね、自分で『直感のスイッチオン』って、言ってみればいいんです。それを言うだけで、それを感じようとする意識が働き出すんです。

朝、自宅を出るときに、『今日は、黄色いクルマを見つけよう！』と思ったら、いつもの何倍も『黄色いクルマ』を見ることになる。それと、同じなんです」

「もう1つ教えてください。直感とただのカンは、どうやって見分ければいいのでしょうか？」

「**直感は、心の奥深くにある、明確な情報です**。しっくりくる感じと言ってもいい。それに対して、カンは、あやふやなものです。一瞬、心に浮かぶだけで、感情に訴えてくるものがない。一方、直感は、ずっとそこにある確かな感覚です。何度アクセスしても、答えは同じです。静かにワクワクするというか、わかった！　という感じなんです。コツは、自分の心でそれを感じることです。慣れてきたら、この違いはすぐにわかるようになります」

「『ゾクッ』とした場合、これは直感かなと思うときと、ただ怖いだけなのかなぁ…、と思うときがあります。その見分け方はありますか？」

「いい質問ですね。直感と恐れを混同してはいけません。**直感は、新しいステージへの誘《いざな》いでもあるから、それに対して恐れを感じることは、よくあることです。**

私も、海外に出るとき、独立するとき、結婚するときなんかも、不安を感じました。ただ、恐れが出るたびに止まってしまっては、何もできなくなります。そんなときは、心の奥に聞いてみるんです。『これは、直感なのか、ただの恐れか？』って」

「なるほど、自分の心に聞いてみるんですね」

「そう。すると、それが恐れかどうか、すぐにわかります」

「これぱっかりは、やってみないとわからないかもしれませんね」

「そうです。ぜひ練習してみてください。直感を上手に使いこなす人は、心の底からの確信があるので、『いつも自分が選んだ道が最適だった』と考えます。たとえ失敗しても、『きっと学ぶべきレッスンがあったんだ』ぐらいにしかとらえない。そして、そこから、またやり直すんです。

だから、行動し続けることができるというわけです。**途中で失敗することも多いですが、そこから、積極的に進みさえすれば、何も動かないときより、はるかに進むことができます**」

「敬さんは、イギリスのナイチンゲールを知っていますか？」

「看護師の？」

「そう。信心深い彼女は、あるとき『看護の道へ進むことこそが、自らの貢献だ』という『自分の内なる声』に気付き、クリミア戦争に38名の看護師を率いて自ら従軍し、世界中の人々の賞賛を集め、『クリミアの天使』と呼ばれるようになった人です。
私は、このナイチンゲールの『内なる声』こそ、彼女の心の奥から来た『直感』だと思っています。だからこそ彼女は、その強い確信の中で行動し、世界的に知られる偉業をなしとげることができたんだと思います」（※4）

「なぜ、直感を使うかが、よくわかりました。頭ではわかりましたが、自分にできるかなぁ」

「敬さんなら、きっとできると思いますよ。だって、偶然と直感に導かれて、小樽《おたる》まで来たわけでしょう。そういう人は、必ず何かをなす人です。本当に大事なことは、ずいぶん前から、知っていたような感じがするものです。だからこそ、内面に意識を向けてもらいたいんです」

話を聞いていて、静かにドキドキしている僕がいた。
「今、僕は、流れに乗っている」そんな感覚を受け取っていた。

名残惜《なごりお》しかったが、お別れのときだ。僕は、猿田さんご夫妻に、ていねいにお礼を言ってログハウスを後にした。２人は、見えなくなるまで、手を振ってくれていた。

空港に向かう電車の中で、航空券をチェックしようと取り出そうとしたとき、手紙の束のうち、１通が落ちた。拾ってみると、【４：行動】と表に書いてある手紙だった。昨日、読んだばかりなのに、もう次の手紙を開けてしまっていいんだろうか？

迷いもあったが、好奇心を止められなくなった。

「手紙がポロッと僕の手元に落ちてきた」ということは、「偶然が、このタイミングで読め」と言っているのかもしれない。

おじいちゃんの「キミがいいと思うタイミングで読むように」という言葉を思い出して、開けることにした。

第4の手紙：【行動】

Action

第4の手紙：【行動】

ここまでの手紙は、どうだったかな？

【1：偶然】【2：決断】【3：直感】について話をした。だが、「直感にしたがって、決めたらすべてうまくいく」かというと、そうではない。その後にもやることはある。

それは「行動すること」だ。

「決める」ことと「行動する」ことは、セットになっている。

なぜなら、「決めると、物事は動き出す」「決断した瞬間に、現在と未来を接続する回路が生まれる」と書いたが、その未来は「行動すること」によってしか、近づいてくることはないからだ。

いくら「決断」しても、「行動すること」なしにはその未来は近づいてこない、1ミリも。「決断」したからといって、自宅にずっと引きこもっていては、キミが決めた未来は実現しないんだ。

「決めること」でその未来が生まれて、「行動すること」でその未来がキミの方に近づいてくるんだよ。

行動には、

【1】「将来、不都合があるからイヤイヤやる行動」（マイナスの行動エネルギー）
【2】「今、楽しいからやるワクワクする行動」（プラスの行動エネルギー）

の2種類がある。

「将来、不都合があるからイヤイヤやる行動」というのは、勉強、家事、仕事などを、イヤイヤやっている人をイメージすると、わかりやすいだろう。

悲しいことに、現代でも、大半の人がこの行動パターンで生活している。実は、このやり方の方が、人間は動きやすいんだ。

なぜなら、幼稚園ぐらいから、「イヤなことでも、やるべきことはやる」ということを鍛えられているからね。だから、そんなに好きでなくても、人は、なんとか我慢して仕事をこなせるものなんだよ。

「仕事がしたくない」という理由で仕事をやらない人は、意外に少ない。

「仕事はイヤだ」と文句を言いながらも、結局は、月曜日から金曜日まで、ちゃんと仕事に行っているのを見てもわかるだろう。

それは、仕事をしないと、家賃やローン、生活費が払えないという不都合な状態になるのがイヤだからだ。

大半の人は、「将来、不都合があるからイヤイヤやる行動」に精一杯で、「楽しいか

らやるワクワクする行動」をやらない。不幸なことにね。

でも、プラスのエネルギーを増やさないと、毎日がつまらなくなってくるんだよ。

「プラスの行動エネルギー」を増やすコツを、いくつか紹介しよう。


1つ目の方法は、子どもの頃に「純粋に楽しんでいたこと」を思い出して、それをやってみることだ。

たとえば「歌」が好きなら、「歌うこと」でエネルギーを高めてみよう。自分の毎日にね、「楽しいこと」を1％ずつ、増やしていくんだよ。

いきなり「歌手になろう」なんて思わなくていいんだ。

楽しいことをやって、自分をハッピーにさせることが目的だからね。

もし、起きているなかで、楽しい時間が20％以下なら、ほとんど「自己破壊」のような生き方をしていることになる…と思ってもらいたい。

そもそも「人生は、楽しむためにある」んであって、決して「修行のためにある」のではないんだ。

2つ目の方法は「ずっと気にはなっていたけれど、やっていない楽しいこと」を、20個書き出して、「おもしろそう!」と思ったものから順番にやってみる…という方法だ。それは、日帰り旅行に出たり、映画に行ったり、楽器を習ったり、ちょっとしたことでいい。

そうやって「プラスの行動エネルギー」を充電するんだ。それができると、「次に、もっとワクワクすることをやってみよう」という気分になる。

3つ目の方法は、やや上級編だが、「うまくいった未来の自分をイメージ」することだ。

楽しいことをやっている未来の自分がイメージできると、自然に行動できるようになる。でも、そのイメージが漠然としていると、行動できない。

毎日楽しくしている自分がどれだけ明確に見えるかだね。「それをやらない方が難しい」と感じるほど軽やかに行動できたら、どんなことも可能になるだろう。

「ダイエット」や「禁煙」にみんな挫折するのも、「うまくいった未来の自分」をイメージすることができず、「目の前の快楽」を選んでいるからなんだ。

いろいろ試しながら、「今、楽しいからやるワクワクする行動（プラスの行動エネルギー）」の量を増やしていってほしい。

そして、「望む未来が手に入るまで、偶然と直感に導かれながら、目の前のワクワクを追いかけ続ける」ことを意識してほしい。

キミに、覚えておいてもらいたいことがある。

大きく分けると「人生には2種類しかない」ということだ。

「たくさんの経験をする人生」と、「わずかばかりしか経験しない人生」だ。

安全ばかりを考えていては、つまらない人生になるよ。

行動しなければ、何も起きない。場合によっては、「失敗を目指して行動する」ぐらいでちょうどいいんだよ。

最後に、思想家のルソーの言葉をプレゼントしよう。

「生きること、それは呼吸することではない。活動することだ」（※5）

さぁ、世界に飛び出せ。

旅に出よ、青年！

次回の手紙は、「海外」で読むべし。

それまでは、次の手紙を開けないように。

では、よい旅を！

手紙を読む手が感動で震えた。おじいちゃん、ありがとう。あれこれ悩んでいてもしょうがない。今の僕には「行動」あるのみ。よし、僕もやるぞ～。

＊

ほどなくして、空港に到着した。

検査の列に並んでいると、見覚えのある男が前にいた。あ、あの旅行代理店の列に、僕より先に並んだ、関西弁の彼だ。また、コイツが前にいるのか…。

「おたく、あ、あのときの？　やっぱりウチら縁あるわ。お得ブラザーズやなぁ。どうせなら一緒に小樽《おたる》をまわってもよかったな。ゴメン、誘わなくて」

彼は、1人でしゃべり続けた。本当は「京都」の大学に行きたかったけど、東京に来てしまった。「京都」はすごいという話を延々続けた。そして、僕が「神戸」出身なのを知ると、今度は、どれだけ「神戸」が素晴らしいかを話し続けた。

検査が終わった僕は、面倒なお得ブラザーを振りきるように、急ぎ足でゲートに向かった。


搭乗口に着くと、目の前に、外国人のファミリーがいた。

7〜8歳ぐらいの子どもは、双子ですごく可愛い。2人おそろいの黒いTシャツを着て走り回っていた。黒地に白抜きの漢字で、それぞれ「京都」「神戸」とあった。

それを見て、全身に電流が走った。

たった5分の間に、「京都」と「神戸」が、2回も出てきた！


「本当に、キミに気づかせたいときには、運命の女神が、偶然を2回、3回と続けて起こしたりして、気づかせようとする」という、おじいちゃんの手紙の言葉が思い出された。

これだな！！

あの面倒なお得ブラザーも、「次は、京都と神戸だよ」と僕に伝えるためのメッセンジャーだったのかもしれない。

「偶然」がたてつづけに起きて、「直感」もバシバシ感じている。

これでいける！！

なんだか、とってもワクワクしてきた。

飛行機が飛び立つ頃には、湧き出てくる未来への期待感が止められなくなっていた。

＊

せっかく「シンクロニシティー（一見偶然に見える、意味のある必然）」が次の目的地を示してくれたのに、翌日からすぐに行動できたわけではなかった。

いや、まったく何も行動できなかった、と言う方が正確だ。

ああ、自分が情けない…。

もともと勇気も行動力もない僕は、小樽行きで、すっかり持てる「エネルギー」のすべてを使い果たしてしまったようだ。

「これから何をするにも、とりあえずお金がいるでしょ…」という理屈を作り上げて、忙しいバイト生活に戻ってしまった。そんな生活に、追い打ちをかけるように、悪友が次々にコンパの誘いを入れてくる。

僕は、コンパ代のために、バイトをしているようなものだった。

そういう意志の弱い背中を押してくれたのは、またもや絵美《エミ》だった。

ひさしぶりに会うと、絵美は怖い顔をして、僕を問い詰めた。

「ケイ、あの偶然と直感を追いかけるっていう話だけど、どうなっているの？」

「いやぁ、そのうち、行くつもりだよ。京都だって、別に逃げないよ…。千年前から変わっていないしさぁ…。これからも、きっと」

「何言っているの？　そのうちって、いつよ」

「もう少しお金が貯まって、自由な時間ができてからじゃないかな」

「そんなの、いつ来るのよ！　今行かなくて、どうするのよ！！」


そのとき、「ピロリン♪」と、友人からメールが届いた。

「お前の休学届、先月、出しておいたから。言うの、すっかり忘れてた、ごめん。体に気をつけて、小樽でも北極でも、どこでも行ってこいよ。帰ってきたら、また飲もうな！」とあった。

あっ、忘れてた。小樽に行く前、「しばらく旅に出ようと思っているんだ。海外に行くかもしれないし、連絡がなかったら、僕の代わりに『休学届』を出しておいて」と頼んでいたんだった…。やばい…。


僕から携帯を奪うようにしてメールを読んだ絵美は、勝ち誇った顔で言った。

「ほら、これこそが偶然よ。このタイミングで来たんだから、行くしかないわね」

あぁ、どうしたらいいんだ。僕は…。

慌てた僕は、次の日、朝いちばんで大学の教務課に行ってみた。調べてもらうと、僕の休学届は、なんと4週間も前に出されていたらしい。なので、すでに教授会でも受理されて、事務手続きが終わっていた。

そこで、教授に直訴しようと思って、教授の部屋に行くことにした。

祖父のことや手紙の話を、かいつまんですると、教授は、ニコニコして言った。

「それにしても、お前がそんなにボンボンだとは知らなかった。おじいさんの手紙に導かれて旅をするなんて、いいなぁ、青春は！　もう事務処理も終わってしまったし、これは、『旅に出なさい！』というサインだと思うよ。ボン・ボヤージュ（よい旅を）ならぬ…、関西のボンボン・ボヤージュだな！」

と言うと、教授は自分のジョークが、いたく気に入ったようで、大声でひとしきり笑ってから、部屋を出て行ってしまった。

こうして、僕は「旅に出ないという選択肢」も失った。

こうなったら、前に進むしかない。

後ろに戻ろうにも、橋は焼かれてしまったのだ。

＊

それからは、旅の資金を貯めるために、本気でバイトに精を出した。みんな「新歓コンパ」や「就活セミナー」とかで忙しく、休学して海外にいるはずの人間のことは、すっかり忘れてしまったのだろう。「誘い」もまったく来なくなってしまった。

８週間休みなし、コンパなしでバイトに精を出してようやく目標のお金が貯まった。

いよいよ、旅の再開だ。

京都に行く新幹線の中で、今後のことを考えた。

「2回、連続で京都」という偶然に導かれて、新幹線に乗ったはいいものの、「なぜ京都？」という問いに、またもや答えは見つかっていなかった。


「京都、京都、えっと、誰か知り合いがいたっけなぁ？」

親戚は何人かいるけど、おじいちゃんと関係の深い人は誰かいたかなぁ？

そのとき、隣の窓際に座っていた人が、ガラリと日よけのブラインドを開けた。

すると、車窓から大きな「寺」が見えた。

「寺」を見た瞬間に、ビビッと、ひらめいた！


「そうだ。あの人がいた！」と。

たしか、彼は、お寺の住職だったはず。おじいちゃんとは、若い頃に中国で出会ってから、長年の親友だという話をしていたっけ。

小学5〜6年の頃、おじいちゃんに、京都のお寺に連れて行かれたことがあった。

京都駅から神戸に電話をかけると、電話口の妹は、きつい口調で言った。

「おにいちゃん何やってるの？　探偵ごっこでもやっているわけ？　私、おにいちゃんの秘書じゃないんだから、いい加減にしてよね！」

また、怒られてしまった。僕には、女性を怒らせる「因子」でもあるんだろうか…。

本当はおじいちゃんのこと、旅のこと、いろいろ説明したいのに、言葉が見つからず、「ありがとう」と言うのが、精一杯だった。そして、「これから京都のお寺を訪ねて、そのあと神戸の実家に行く」ということだけ伝えた。


この際、父親とも会って、じっくり話をしないと…。


京都駅から、30分ほど電車に揺られ、教えられた住所を頼りに歩いて行くと、「昔ここに来たことがある！」と感じる景色が目の前に広がってきた。

いきなりの訪問にもかかわらず、住職の徳《トク》山《ヤマ》さんは、僕が佐藤泰《タイ》三《ソウ》の孫だとわかると、とっても喜んでくれ、奥の茶の間に招き入れてくれた。

「キミが、あの敬《ケイ》か。大きなったなぁ。あんたの名前を付けるとき、おじいさんと一緒に、字画を何度も見直したんやで。もう、20年も前のことになるんか。ところで、なぜ、敬という名前になったか、聞いているかな？」

「おじいちゃんが僕の名前をつけてくれたことは聞いてましたが、自分の名前の由来は、はじめて聞きます」

「泰三にはな、『人を敬《うやま》う人間になってもらいたい』という願いがあったんやで。それが、人生でいちばん大切なことだと言うてね、上機嫌やった。20年経って、名前のとおり、人に敬意を表せる人になったみたいやなぁ。よかったわ」

「いえいえ、まだまだです。それにしても、僕の名前を付けるときに、祖父がそんなに一生懸命になってくれていたなんて、感激です…」

そう言いながらも、どうしておじいちゃんも、父も大事な話を僕にしてくれなかったのだろうと思った。親子3代つづく「身近な人には、口べた」の家系を呪わしく思いながらも、不器用な祖父と父には、ちょっと親近感も感じていた。

気を取り直して、京都に来た理由について説明した。

祖父の手紙、【1：偶然】【2：決断】【3：直感】【4：行動】を見せながら、僕がどうやって手紙を開けてきたか、これまでの旅の経緯を手短かに話した。

「手紙かぁ。あいつも、おもしろいことを考えたんやなぁ。もともと、手紙が好きやったけど。【偶然】、【決断】、【直感】、【行動】、どれも大切なことや。

そんな手紙に導かれて私に会いに来てくれたなんて、うれしいなぁ。

茶人の千利休《せんのりきゅう》は、人生の出会いを、『一期一会《いちごいちえ》』という言葉で表してるやろ。

仏教で『一期』とは、生まれてから死ぬまでの間のこと。その間に、ただ一度しかない出会いを大切にしなさいということやな」

「これからも、偶然と直感を追いかけて、旅をしようと思います。**出会う人は、僕になんらかのヒントを持っている人で、決めることで、未来は変わり始める。**そういうことを考えただけで、ワクワクしてきます。偶然と直感を追いかけて、ここまでたどり着きました。ところで、徳山さんは、祖父とはどういうご縁があったのですか？」

「私らの縁は、本当に深いんや。私は泰三と、最初に上海《シャンハイ》で出会ってな。もう、何十年前のことになるかなぁ。60年以上前の、古い、古い話や。

そこで、いろんなことを一緒に学んでな。若い頃、私は、心の平和、あなたのおじいさんは、経済の平和に貢献しよう！　と誓い合ったもんや」

「昔の頃の祖父の話をぜひ、聞かせてください。若い頃の祖父の生き方から、僕がこれからどう生きるかの、ヒントをもらいたいんです」

「彼は、いろんな意味で型破りな人間やったなぁ。13歳で孤児になり、15歳で上海に単身渡り、そこから商売の道に進んだんや。中国語、英語、ロシア語、タイ語を操り、いくつもの修羅場をくぐり抜けて、大成功したからなぁ。

彼は、『アジアの国の人たちが、友達になることが、平和を作る。だから、普通の人々同士の交流が大事なんだ。将来、お金持ちになって、財団を作る。若者が交流して親友になれば、その友情が何十年も花開くことになる。人間関係を作るには、時間がかかるけど、百年の計で物事を進めたいんだ。きっと僕の植えた苗木が世界中で育つはずだ』そう言ってたなぁ。

そして、本当に言ったことをやり遂げた。たいしたもんや。彼ほど、有言実行の男は見たことがない。各方面にも、こっそりと多額の寄付をしてたさかいな。だから、彼のお葬式はすごい盛大やった。それだけ、たくさんの人に応援されていたわけやなぁ」

僕は、そのお葬式に行かなかったので、ちょっと罪悪感を感じた。同時に、祖父のことを、ほとんど知らない自分が、少し悔しかった。
おじいちゃん、なんとなく思ってはいたが、そんなすごい人だったのかぁ。ちょっと、落ち込むなぁ…。

そう思っている僕に、徳山さんは、するどい眼光で聞いてきた。

「ところで、敬は、これまで、何を決め、どう行動してきたんや？」

「えっと、祖父の手紙と、小樽の猿田《サルタ》さんに教わって、『最高の人生を生きる』と決めましたが、その後は、しばらくバイトばかりしていて…、でも、このままじゃダメだと思い、それから京都に来ました…」

「それだけ？」

「は、はい」

「正直に言わせてもらうで。敬は、私の大親友の孫やからな」

そう言うと、静かに目を閉じた。

「このままでは、敬は、アカンと思う。全然、ダメやで」

「は、はい。なぜでしょうか？」

「それはな、行動が十分にできていないからや。いったん心に決めたのに、行動しなければ、何も変わらへん！　どうして、すぐに行動しーひんのや？　何事であろうと、動き出さへんかったら、全然、前に進むことはできひんのや。これが、わかるか？」

そう大きい声で言うと、徳山さんは、今度は、じっと僕を睨《にら》みつけた。

白いヒゲが最初は怖いと思ったけど、とってもやさしい目をしていた。

その厳しさと愛情の混じった、人を射るようなまなざしに、僕は泣きそうになった。

こんな風に、父親や先生に厳しく叱ってもらったことがない。

「**この世界には、2とおりの人間がいるんやで。人生の大切なもののために行動できる人間と、行動できない人間や。**

夢が大切だとわかっていながら、あきらめて挑戦しない人がいる。健康が大事なことをわかっているのに、暴飲暴食をして不摂生をしてしまう人がいる。家族が大事なのに、実際に大切にできている人は少ないんや。なんでやと思う？」

「は、はい。頭でわかっていても、行動できないからですよね」

「『行動できない理由』は、情熱が足りないせいもあるけどな、自分がワクワクするような『目標がない』というのも大きいんや」

「そうかもしれません。やろう、やろうとは、思っているんですけどね」

「はっきりした目標を設定していないから、動けないんやで。**今、『行動』を起こせていないなら、すぐに、目標を立てた方がええ。**

でも、いざ『目標』を立てようと思うと、自分が明確な『目標を立てられないこと』がわかるやろ。それでも、『目標を10個』をひねり出して、紙に書いてみい。すると、それがきっかけとなって、現実が動いたりするさかいな」

「あの、もう少し教えていただけませんか？」

「『目標』には、『ごく現実的なもの』と、『今はまだ見えていないもの』があるから、行動してみた後で、いくらでも変更すればいいんや。つまり、目標にしばられ過ぎてもアカンわけや。成功している人は、途中で何度も目標を見直している。

そして、実際に行動をするときは、『段取りを、よく考えてから行動すること』が大切やで。『当てずっぽうの弾を何発、撃っても当たらない』からな。ちゃんと、考えて行動しいや」

「一方で、真逆の話もしよか。世の中は『逆もまた真なり』やからな。

本当に『流れが自分に向かってないとき』がやってきたら、動かないで、待つことも必要なんや。『スランプに陥って、停滞する時期』というのは、誰にでもあるんや。『ずっと調子がいい状態が続く人生』というものは、非現実的や。うまくいかないときはな、いったん休んで『気分転換する』っていう方法もあるんやで。

そういうときは、『神様が、今は、人生で気分転換しなさい』って言っている時期なんやと思って、偶然と直感の流れに身を任したらいいんや。**実は、そのタイミングで『出会う人』がな、後に『人生を一変させてくれる人』であることが、多いんや**」

そう言うと、徳山さんは、とても満足そうに微笑んだ。

僕は、猿田さんとは違った、徳山さんの京都弁の迫力のある教えに、ただ感動していた。

＊

玄関先で徳山さんのところを失礼するとき、大事なことを思い出した。

そうだ。この間、猿田さんのところで、「次に僕が会うべき人」を紹介してもらうのを忘れていた。

今回、同じ間違いを繰り返してはいけない。そこで、恐る恐る聞いてみた。

「これからも、祖父に縁のある方にお会いしていこうと思うんですが、次に会うべき人を、どなたか紹介していただけませんでしょうか？」

「そうやな。さっき話したタイのバンコクにいる泰三の親友がええんやないかな。彼らは、ある時期ずっと一緒にいて、本当の兄弟のようやったな。泰三と私と彼、そして、もう1人いたんやけれど、その4人組は、とてもウマが合ってな。世界の未来のあるべき姿について、毎晩のように語り合ってたわ。

あるときはインドのコルカタ、あるときはタイのバンコクやチェンマイの安宿やパブで遅くまで、あれこれと青臭い議論をしてたもんや。

4人のうち、2人は、お金・ビジネスの世界。あとの2人は、より精神的な世界に行ったわけやけど、それぞれに素晴らしい人生になったなぁ。

今は、彼は、タイで大実業家になったんや。お金や仕事、人生のことを教えてもらうのに、うってつけやで。敬は、これから海外に行きたいって言うてたな？」

「はい、そうです」

「そやったら、ぜひ、タイの彼を訪ねるといいわ。これで、ずっと僕の中でわだかまっていたことも解消できたわ。昔、あることで、泰三に泣きつかれたことがあってな。

でも、僕にはどうしても、あいつの願いを叶えてあげられへんかって、申し訳なく思っていたんや。敬が来てくれて、話ができて、なんかスッキリしたわ。おおきに」

何を感謝されているのかわからなかったが、ちょっとうれしかった。

徳山さんは、そう言うと、おじいちゃんと親しかったという、タイ人の実業家の名前とオフィスの住所を、紙に書いてくれた。これで、次に行くべき場所がわかった。タイの首都であるバンコクだ。

行ったことがないけど、なんかワクワクする。

英語は、通じるのだろうか…。

帰るとき、徳山さんに、何度もお礼を言って、お寺を後にした。

徳山さんご夫妻も、僕の姿が見えなくなるまで、ずっと手を振っていてくれた。

京都から神戸に向かう新幹線の中で、僕は、「目標」をノートに書き出してみた。

●【目標】●

【1】「最高の人生を生きる」
【2】「偶然と直感に導かれて行動する」
【3】おじいちゃんの人生を知る過去の友人に会う
【4】海外へ行って、一流の人から学ぶ
【5】「人生の秘密」を見つける
【6】どんなときも、ワクワクすることを選ぶ
【7】将来の仕事のヒントを見つける

……徳山さんが言ったとおり、なかなか「目標10個」は書き出すことができなかったが、なんとか、7つの目標を書くことができた。よし、ここから、再スタートするぞ。

＊

東京に帰る前、「神戸」の実家に寄った。でも、僕のせいで、父と口論になってしまい、家族３人の水入らずのディナーが台無しになってしまった。

せっかく、おじいちゃんの話を聞き出そうと思ったのに、もったいなかった。彼女の絵美にも、「バンコク行き」を伝えなければいけない。ちゃんと理解してもらえるだろうか？

ひさしぶりのデートで、奮発したディナーのコースは和やかに進んだ。猿田さんのことでは、思いきり笑ってくれたり、家族のディナーを僕がぶちこわしたところでは、ちょっと同情もしてくれた。

よし、いい線いってるぞ。そろそろ切り出しても大丈夫だろうというときに、「バンコク行き」の話を切り出した。

「そんなわけで、僕は、もうすぐ、タイのバンコクに行くことにしたよ」

「え？　いきなりなの？　そういう一方的な宣言で、いいわけ？？　あなたって、いつも自分勝手ね。相談するとか、一緒に考えるとか、そういう発想ってないの？」

ううう、マズイ展開だ。僕は、相手の気持ちも思いやれず、ただ自分のやりたいことを、ごり押ししているだけなのか…。

このままでは、父さんと一緒じゃないか。何かを言わなければいけないことはわかっている。でも、肝心なときに、これといって、いい言葉が見つからない。

適当な言葉が見つからずに黙っていると、彼女は、レストラン中に聞こえるような大声で言った。

「私たち、もう今日で終わりにしましょう。あなたは、バンコクでも、南極でも、どこでも行ってくれればいいわ。そう、いっそのこと、帰ってこなければいいのよ。私も、ずっと待っているより、その方がずっと楽だもの！　さようなら」

絵美は、怒り心頭で席を立ち、バタン！　とドアを閉めて店を出て行った。

彼女が席を立った反動で、テーブルの上のワイングラスが、ガチャンと派手な音をたててひっくり返った。真っ赤なワインが、白いテーブルクロスと僕の白いTシャツを真っ赤に染めた。それは、まるで日本刀でバッサリ切られたようだった。

出された2人分のデザートを1人寂しく食べながら、思い出したことがある。

「敬、覚えておくといい。だいたい佐藤家の男は、女性に縁がないんだからな」とおじいちゃんが、ボソッと、冗談のように、でも、さみしそうに言ってたっけ。

は～ぁ、今の僕には、ただ、ため息しか出なかった。

その夜、はげしく落ち込んだ僕は、おじいちゃんの「次の手紙」を開けようと思った。手紙を読むことで、おじいちゃんと話ができる感じがするし、とにかく、何かにすがりたかった…。

しかし、「次の手紙は、海外で開けるように」という、おじいちゃんの言葉を思い出して、手を止めた。

どうやら、海外へ出る「行動力」がなければ、次の手紙には進めないらしい…。

おじいちゃん、さすがだよ…、こんな形で、絶対に「海外へ行く行動」を起こさないとダメなように、仕組んでくれるとは…。

さらに、何度かため息をついた後、「よし、絶対に海外に行ってやるぞ！」と、決意を新たにした…。

京都と神戸に行く前にバイトに打ち込んでいたおかげで、飛行機代と滞在費の準備はできている。

幸い大学にも休学届を出したし（というか半分、無理やりだったが…）、彼女も、いなくなってしまった。

もう「足かせ」はない。絵美には、また海外から手紙を出そう。そんなことで許してくれるかなぁ。

そういう甘い考え方が、ダメなんだろうな…。

でも、今は、前だけ向いて「行動」してみたい。

おじいちゃんの生き方を理解することが、きっと僕の未来のヒントになるはずだ。

それだけは、なぜか「深い確信」があった。

旅に出よう！

未知なる世界、タイのバンコクへ！

＊

日本から、およそ４６００キロの彼方《かなた》。

「バンコクの国際空港」に着くと、南国特有の温かい風が僕を迎えてくれた。そこは、日本とは別世界だった。

見知らぬ海外の空港に降り立っても怖くないのは、今までにいろんな国に行った体験のおかげだ。

小さい頃、父の研究のために、家族で海外に数年滞在したことがあった。横浜にも住んだことがあったけど、関西では、標準語と英語が話せるのは、隠していた。「英語でいろんな人と自由に話せる」というのは、とっても便利だ。子どもの頃の経験がこういう形で役に立つとは…、そのことだけでも、両親には感謝だなぁ。


徳山さんに教わった住所を頼りに行くと、バンコクのオフィス街の中でも、ひときわきれいな高層ビルの最上階が、バンコクの大実業家である彼のオフィスだった。最上階のフロアーに着くと、受付には、女優のようなタイ美人がいた。ドキドキしながら、会長との面会のお願いをした。

これまでにいろんな「偶然と直感」に導かれたし、会いたいと思った人には、なんのストレスもなく会えたので、今回も大丈夫だと、完全にタカをくっていた。

でも、受付の女性にさわやかな笑顔で「今日は無理です」と言われたとき、自分がとてつもなく甘い考えで、タイまで来てしまったことに気がついた。

猿田さんは、言ってしまえばリタイヤしたおじいさんだし、徳山さんも、お寺の住職さんだ。簡単に会えたのは、当然だった。

でも、ここは外国で、相手は、大企業のオーナーだ。受付の女性は僕が誰かを知らない。彼女にしてみれば「誰、この外国人の若者は？」と思ったに違いない。

「会長は、今、海外出張中で、しばらく戻りません」と、申し訳なさそうに、でも、ややビジネスライクに教えてくれた。

「いつ帰ってきますか？」という僕の問いに、「戻っても、チェンマイのご自宅に滞在することが多いので、ここには、めったに来ませんね」と笑顔で答えてくれた。

「チェ、チェンマイですか？？」

「はい。チェンマイは、バンコクから飛行機で1時間の、タイ北部にある街です」

そう、冷ややかに言われた。やばい。これは、いくら笑顔で話しかけてもダメだ…。僕は、手短かにお礼を言うと、そそくさと逃げるように、そこを離れた。

とりあえず、すぐ近くのカフェに入った。コーヒーをすすりながら、現状について、冷静に考えてみた。

「偶然と直感を追いかけたら、すべてはうまくいく」と能天気に考えて、バンコクまで「アポなし」で来てしまった自分が、なんとも呪わしい。これは、相当やばいかも…。

僕の妄想の中では、VIP待遇で豪邸に招き入れられるはずだった。「ゆっくりしていきなさい。タイゾウの孫なら、キミは私の孫のようなものだよ」と言われて、やさしくなんでも教えてもらえる…、と思い込んでいた自分が、おめでたすぎる。

まわりの異国情緒あふれる風景を見て、思わず大きなため息が出た。

次なる「偶然」が起こるのを期待して、何時間も街を歩いてみたものの、足が疲れただけで、まったくなんの「シンクロニシティー（偶然の一致）」も起きなかった。

これが、「シンクロには波がある」ということなのか…、ということは、「踊り場に来た」か、「道を誤った」かの、どちらかなのか？

これまでは絶好調だったのに…。

仕方なく路線を変更して、とりあえず、今晩の宿を探すことにした。

せっかく来たのだから、バンコクにしばらく滞在してみよう…。

いろんな人に聞いて、世界中のバックパッカーたちの聖地と呼ばれる「カオサン通り」に安宿を見つけた。バンコクの中心地にほど近いエリアだが、映画を1本観るぐらいの値段で泊まれるんだから、バックパッカーにはありがたい。とりあえず寝る場所を確保できてホッとした。

荷物を置いて、シャワーを浴びた後、気を取り直して近くのカフェに入る。

この大失態で学んだこと。
どんなときも、「よく考えてから行動をする」こと。
数日前に、徳山さんから言われたことじゃないか…。
こんな当たり前のことができていなかったなんて…。
本当に情けないなぁ。あぁ、恥ずかしい…。今日のことは、一生肝に銘じよう。
今の状態をノートに書いてみると、あまり選択肢がないことに気がついた。

【1】あきらめて、東京に帰る
【2】バンコクにいて、チャンスをうかがう
【3】とりあえず、チェンマイに行ってみる

ここまで来て何もせずに、おめおめと東京には帰れない。かといってバンコクにいても、彼がオフィスにあまり来ないのであれば、あまり意味がない。いっそチェンマイまで行くか、それとも…。

今こそ、「次の手紙」を開けるタイミングかもしれない。

いや、そんなに安易に手紙に頼ってはいけない。ノートに書いた選択肢を見て、うなっていると、隣に座っていた陽気なアメリカ人が声をかけてきた。

それが、マイクとの出会いだった。この「偶然の出会い」が、僕の運命を変えることになろうとは、そのときは、思いもしなかった。


彼は、声も体も大きいアメリカ人で、とびきりの笑顔で話す人だった。その温かくてオープンな雰囲気が、彼の人柄をあらわしていた。

最初は、「どこから来たの?」とか、たわいもない世間話をしていたが、マイクの気さくな人柄もあって、どんどん話が盛り上がった。いつのまにか、昼下がりだったカフェには、夕焼けのオレンジ色の光が差し込み、僕とマイクは「お酒」を注文した。

「ウマが合う」という言葉は、こういうことを言うのだろう。何時間、話していても話題がつきないのは、不思議だ。

彼は、大学を休学し、「自分探しの旅」に出て、もう1年半になるらしい。
そういう意味では、彼は「自分探し」の先輩だ。

「マイク、僕も、これから世界を見てまわりたいな。でも、自分って、そんなんで見つかるのかな？」

「ケイさぁ、言っておくけど、自分探しなんてやめた方がいいぞ。本当の自分は、ヨーロッパの田舎町や、インドの道ばたで見つかるもんじゃない。今ここで見つけられなかったら、世界中まわっても、見つけられるはずがないんだよ。

本当の自分は、心の中にいる。でも、その自分と出会うために、僕たちは旅に出るんだ。だから、やっぱり旅に出るべき、行動するべきなんだよ。わかるか？」

「ん？　結局、どっちなんだ？　それでキミの旅は、これまでどうだったの？」

「ヨーロッパをまわった頃まではよかったけれど、インドに行って瞑想にはまり、しばらくずっとそこにいたんだ。なんとかバンコクまで来たものの、今度はお酒にはまって、ボロボロになってしまった。なんと、20キロもやせたんだよ」

「やせたぐらいで、ちょうど、よかったんじゃないか?」

「ハハハ、そうかもしれないなぁ…。いや、ケイみたいに、なんでも話せる奴は生まれてはじめてだ。**何かを感じるんだ。僕たちは出会うべくして出会っているんだよ。**お前は、俺のただ1人の親友だ」と言うと、朗《ほが》らかに大声で笑った。

おじいちゃんも、何十年か前のバンコクの安宿やカフェで、親友たちとこんな感じで楽しく話をしていたのだろうか…。親友どころか、友人もあまりいない僕には、親友という言葉が、とても心地よく響いた。「俺の親友だ!」と言ってもらえたことが、純粋にうれしかった。

「俺はなぁ、彼女のためなら、すべてを捨ててもいい、と思っている。お酒をきっぱりと止められたのは、彼女のおかげだ。世界中を旅してみて、わかったことがある。それは、『人生は、愛がすべてだ』ということだよ。自分を立ち直らせてくれた彼女のためなら、俺は死ねるよ。自分の命を差し出してもいいんだ！」

「誰かをそこまで愛せるなんてすごいよ、マイク。キミのことを心から尊敬する。きっと、彼女も素敵なんだろうな。それで、彼女が住んでいるのは、どこなの？」

「タイ北部の街、チェンマイだ。僕は、チェンマイで、新しいスタートを切るぞ！ケイも一緒に行こう、チェンマイへ！」


ゾクッ…。


「チェンマイで、新しいスタートだって!?」

全身に「鳥肌」が立った。

こういう感じで、シンクロニシティーは、戻ってくるのか。

そうこなくっちゃ！

酔っ払って、ご機嫌になっていた僕は、立ち上がって日本語で叫んだ。

「やった〜。チェンマイ、最高！　僕もチェンマイで、人生を変えるぞ！」

ふたたび、シンクロニシティーのスイッチ、オンだ！

さぁ、これから、またやるぞ！

徳山さんが言っていた、「『流れが自分に向かってないとき』がやってきたら、動かないで、待つことも必要なんや。実は、そのタイミングで『出会う人』がな、後に『人生を一変させてくれる人』であることが、多いんや」という言葉がよみがえってきた。

まさしく「マイクとの出会い」のことだ！

日本語がわからないマイクも、一緒に大声で叫んだ。2人で立ち上がって、ハイタッチして抱き合った。ほろ酔い加減もあって、楽しい気分になってしまった僕は、バンコクの「カオサン通り」に向かって、何度も、何度も、ガッツポーズをした…。

＊

次の日、二日酔いの体を引きずりながら、朝早くバンコクを出た。バスに揺られること10時間弱でチェンマイだ。ビルが立ち並ぶ大都市バンコクを出ると、程なく田園風景が広がり、美しい農村の空気を感じることができた。ますます、僕はタイが好きになっていた。

さて、移動時間は10時間もある。二日酔いもあって、マイクは、しばらく話をした後、すぐに寝てしまった。

そこで、僕は「次の手紙は海外で読むべし」という、おじいちゃんの約束どおり、ひさしぶりに、次の手紙を開くことにした。

第5の手紙：【お金】

Money

第5の手紙：【お金】

イギリスの元首相ウィンストン・チャーチルは、**「金を失うことは些細《ささい》なことで、名誉を失うことは甚大《じんだい》だ。だが、勇気を失うことは全てを失うことだ」**（※6）と言っている。

勇気さえあれば、また、人望さえあれば、「お金」はちゃんとついてくるんだよ。これは、私の体験からも、そうだと言える。

ただ、今の世界で、お金がいろんなことを動かすエネルギーになっていることも、また否定できない事実だ。

お金のことをよく知らないと、やりたいことが自由にできなかったり、感情に振り回されたりして、幸せを逃すことになる。

なので、この手紙では、お金について、大事なことをキミに伝えておきたい。

今となっては懐かしい思い出ばかりだが、お金に関して私は失敗だらけだった。

この20年は、ようやくお金の心配をしなくてもよくなったが、それまで「ずっとお金の苦労をしてきた」というのが、私の偽らざる本音だ。

私は、事業で成功したことで、まわりからは「お金持ち」に見られるようになった。

だが、実際は、規模の拡大に応じてずっと資金繰りに追われ続けた。収入も出費も、ケタが大きくなっていっただけで、ドキドキすることには変わりがない。

「大富豪」と呼ばれる私が、「一生のほとんどを、お金のことで悩まされていた」なんて、信じられないかもしれないね。

そんな私の経験からキミに伝えたいことがある。

「お金の正体」についてだ。

【1】お金とは「エネルギー」であり、善悪はない
【2】多くの人が「お金を信頼すること」によって、その価値が成立している
【3】「お金と、どう付き合うか」は、選択できる

では、1つずつ説明しよう。

【1】お金とは「エネルギー」であり、善悪はない

お金というのはね「エネルギー」なんだよ。お金は、あたかも生きているかのように、いろいろなものに変化する。ものを買うこともできるし、人を幸せにすることもできる。

そして、お金にはね、「善悪の判断」がないから、素直に「エネルギーが強いもの」に、ひきつけられていく性質があるんだ。

だから、お金は、「すごく良い人」にもひきつけられるし、「すごく悪い人」にもひきつけられるわけだ。残念ながら、人格的に素晴らしい人にお金が行くわけではない。

いい人がお金を持ったら「いいエネルギー」になるし、悪人がお金を持ったら「悪いエネルギー」になるんだよ。

愛でいっぱいの人がお金を持ったら、それは「愛のエネルギー」になるし、意地悪で冷たい人がお金を持ったら「意地悪で冷たいエネルギー」になるってことなんだ。キミには愛を持った人になってほしい。そして、「自分のエネルギー」を高めてほしいと思う。そうすれば、エネルギーである「お金」もついてくるし、「幸せなお金持ち」になることができるんだ。

【2】多くの人が「お金を信頼すること」によって、その価値が成立している

お金というものはね、多くの人が「お金を信頼すること」によって効力を発揮するんだよ。みんながお金を「信頼」しなくなった瞬間に、それは、ただの「紙切れ」になってしまうんだ。

国が借金を返せなくなって、「債務不履行《さいむふりこう》（デフォルト）」を起こすこともある。戦

時下で、お金が「紙切れ」になった例は、世界中でいくらでもある。

そういうことが起こらないことを祈るばかりだが、世界を見渡すと、デフォルトを引き起こす可能性のある国は、たくさんある。


キミには、お金のことを学ぶだけでなく、「なぜ人がお金を信頼するのか」ということについても、考えておいてほしい。

「バブルの歴史」も学ぶといいよ。オランダのチューリップバブルの頃から、人は、変なものに熱狂する。価値があると思っているのは、「みんなの共同幻想にすぎない」ということを、くれぐれも忘れないでいてほしい。

【3】「お金と、どう付き合うか」は、選択できる

だからこそ、お金は「人生で、いちばんにするもの」じゃない。だが、大切にしないと、人生を楽しく生きることはできない。それを踏まえた上でね、

「お金と、どう付き合うか」をよく考えてほしい。

私は、「お金に邪魔されない人生」が最低限、大事だと思っている。

お金は、それ自体では人を幸せにはしないけど、お金がないことによる不便はいっぱいある。言うまでもなく、お金があるかどうかは、人生を左右する。でも、多くの人は、わかっていながらも、お金について考えないようにしている。なぜだと思う？

それは、「お金と向き合うのが怖いから」だよ。お金とどうやって付き合っていいのか、わからないんだ。

お金のことばかりを考えていてもつまらない人生になってしまう一方で、お金と向き合わないツケは、高くつく。お金に振り回されて生活することになる。使いたいものがいっぱいあるわりには、「収入が、常に足りない」と文句を言うことになる。

では、お金持ちになったら、自由になれるかと言うと、そうでもない。なぜなら、

「お金があっても、今度は、それがなくなる不安や心配で、夜も寝られない」ということがあるからだ。

いいかい？　お金から自由になるためにはね、「お金をいくら持っているかと、幸せは、まったく関係がない」ということを、知ってほしい。

そのためにも、お金から逃げずに、ちゃんと、お金と向き合う必要があるんだ。そしてね、「誰かに喜ばれることが、心のいちばんのご馳走」だということを実感してほしい。

誰かを幸せにするたびにね、「自分の器」が大きくなって、お金から自由になっていくんだ。

つまり、「お金とちゃんと向き合った上で、お金との距離のバランスをとること」が大切なんだ。

お金とちゃんと向き合った上で、お金のかからないライフスタイルを選ぶ、ということだってできるんだよ。

たとえば田舎で自給自足の暮らしをして、お金を使わないという選択肢もある。現金をほとんど使わなければ、お金に振り回されることもない。現に、そういう生活で、幸せを実現している人々は、たくさんいる。

たとえば、キミのお父さんだって、大学の研究に没頭して、まったくお金に興味を持たなかったね。それは、それで、幸せなことなんだよ…。

キミは、ジョン・ロックフェラーを知っているかね？

アメリカの「石油王」であり、かつては、「世界でいちばんの大富豪」と言われた人物だよ。

貧しい家庭に生まれたが、酒もタバコもやらず、まじめで熱心に働く青年だった。

彼の「お金に対する距離感」は絶妙でね、信心深い彼は、6歳のころから、もらったお金の10分の1を教会に寄付する「10分の1献金」を行うような人物だったんだ。

彼は、史上最高の慈善家でもあり、ロックフェラーが個人資産から寄付した総額は、なんと5億ドル以上にものぼると言われている。

そして、彼はこんな言葉を残している。「私は数百万ドルを稼いだが、その金は私に幸せをもたらしてはくれなかった」(※7)とね。この言葉こそ、「お金だけでは、人間は幸せになることはできない」ってことの証明だと思う。

私は、彼の生き方こそが、「お金とちゃんと向き合った上で、お金との距離のバランスをとる」という生き方の見本だと思っている。

キミが「お金から自由になる」ことができたら、今度は、縁のある人を自由にしてあげてほしい。

そうすれば、その人は、「お金のためだけに生きる」ということをしなくてすむ。

それが、「本当の自由」だよ。

キミがお金から自由になるのを心から応援している。キミならきっとやれるよ。

そして、それができたら、今度は、ほかの人をお金から解放してあげてほしい。

キミたちにお金を残さなかったのも、「自分でお金を作り上げる楽しみ」を奪いたくなかったからだよ。

「自分の才能を見つけて、それを磨き、ドキドキしながらお金を受け取るプロセス」は、人生でもっとも楽しいことの1つだと思う。

その楽しみを取り上げたくなかったからね。私の思いをいつか理解してくれるとうれしい。また、それだけ、キミが成功するのを信頼していると、思ってほしい。

幸運を！

心に、温かい風が流れてきた。

おじいちゃん、ありがとう。

僕は、手紙を胸に抱きしめた。そして、彼に感謝した。

今の僕は手紙の内容を、すべて理解できたわけではない。でも、この手紙は、これからの人生で、何度も何度も、読み返すことになるだろう。

何よりも、おじいちゃんが、「僕がお金持ちになることを信じてくれていること」に感動した。


そんなに僕を認めてくれていたなんて、それだけで勇気100倍だ。

ああ、僕も人を自由にできるような「お金持ち」になってみたいものだ。

そのためには、まず人を喜ばせる仕事か…。

どういう仕事をするかで、どれだけお金持ちになれるのかも決まるのかなぁ。

まだまだ、よくわからないなぁ。

チェンマイで、もし、「彼」に会うことができたら、ぜひ、「お金」と「仕事」について聞いてみたい。

＊

バスに揺られること10時間。ようやくチェンマイに着くと、中心部のやや東側の「ロイクロ通り」にあるゲストハウスを見つけ、そこを拠点にすることにした。きれいなマダム風の日本人女性が経営するところで、とても清潔だった。なんと、ここでは、ちょっと高めのランチの値段で、泊まることができるのだ。

チェンマイは、バンコクよりは小さいが、それなりに大きな街だ。13世紀にはもう栄えていたというから、長い歴史がある。チェンマイは、「北方のバラ」と呼ばれ、美しい場所とされているらしい。旧市内は、レンガ造りの城壁とお堀に囲まれているが、1周しても10キロぐらいだ。街は落ち着いていて、どこか京都のような趣がある。

お金のある人もない人も、それぞれに居場所がある、懐の大きな街だ。ここは、「美人の産地」としても有名で、「チェンマイ美人」という言葉もあるらしい。

＊

次の日、昼過ぎに起きた僕は、マイクに連れられて、いよいよ最愛の彼女に会いに行くことになった。

この「ちょっとした選択」が、僕の人生に大きく影響を与えることになろうとは…。

昼下がりのカフェに行くと、２人のタイ人の女性が、生ジュースを飲んでいた。２人とも、素敵なデザインの袖なしの花柄ドレスに、つばの広い帽子をかぶっていて、イギリスの貴婦人のようだった。

マイクは、アンの額に軽くキスをすると、グッと抱き寄せて、いかに寂しかったかを伝えた。まるで、映画のワンシーンを観ているようだった。

必然的に、僕はノイというアンの友人の隣に座ることになった。

２人とも英語を上手に話し、とても知的で清楚な印象だった。

そして、何より女優のように美しかった！


「チェンマイ美人」という言葉があるのは聞いていたが、まさかここまで美しいとは、驚きだ。聞くと、彼女たちは大学生で、美術史を専攻しているという。

いろいろ話していくうちに、僕たちには共通点がいっぱいあることがわかった。しかも、全員、同い年だとわかると、さらに盛り上がった。


なんと、誕生日が、マイクとアン、僕とノイが、それぞれ、ほぼ1週間違い！

もしや、これも「偶然」の力なのか？

あれこれ話しているうちに、あっという間に夕方近くになった。

そして、マイクとアンは、デートに出かけることになった。そのために、彼はチェンマイに来たわけで、当然といえば当然だが、僕は焦った…。

「お前たち2人も、どこかに出かけたらいいよ。お似合いだよ。じゃあね」と言うと、マイクとアンは、さっさと、どこかに消えていった。

軽い気持ちで言ったのだろうが、僕は、ノイの方を見て、ドキドキしていた。

彼女は、「それも、楽しそうじゃない？　近くに素敵なパブがあるから、私たちも2人で行きましょうよ」と言うと、歌うような声でクスクス笑った。

パブに着くと、向かい合って座ることになった。

彼女を目の前にして、僕は目を合わせられなかった。自分でも止められないぐらい、ノイを女性として意識していた。

アタマでは、「僕には絵美《エミ》がいるので、このシチュエーションはマズイな…」と思いながらも、心は完全に目の前のノイに奪われていた。絵美とは一応は「別れている」んだからいいじゃないかと、アタマの方もじき説得されてしまいそうだ。

あれこれ考えていると、ノイが切り出した。

「ケイは、シャイね。どうして、私の目をあまり見て話そうとしないの」

「そうかな？　ごめん。そんなつもりはないけど…」

と言いながら、「キミが、きれいすぎるから」という言葉をぐっと飲み込んだ。

そんな歯の浮くようなことを言ったら、僕たちのせっかくの友情らしきものがおかしくなってしまう…。第一、僕はそんなキャラじゃないし…。


僕が場を盛り上げようと、日本のおもしろいジョークを連発すると、ノイは、歌うような笑い声を聞かせてくれた。やった！　喜んでくれた。彼女の笑い声を聞くだけで、僕はハッピーだった。


しばらくして、なぜか僕の母さんが亡くなったときの話になり、僕が今どう思っているかを聞かれた。

「今はもう、なんとも思っていないよ」と強がりを言うと、さすが、女性は「直感力」に優れている。すぐに、それが本音でないことを見破られてしまった。

「ケイ、あなたは、きっとお母さんがいなくなって、とても寂しいのよ。どんな男性にとっても、母親は女神だって聞くわ。あなたにとって、お母さんは、かけがえのない人。あなたに命を与えて、無条件で愛してくれたんだから」

と言われ、ギュッと手を握られた。それがスイッチになったのか、うかつにも、彼女の目の前で「ホロリ」と涙がこぼれてしまった。

僕の涙に気づいた彼女は、ハンカチでそっと涙をふいて、何も言わずに僕の感情を受け止めてくれた。

こんなこと、絵美にも、してもらったことがない。

なんて、やさしい女性なんだろう。

僕のハートは、完全にノイに奪われていた。

どれくらいの時間が経っただろうか。

2人で何を話すこともなく、しばらく星を見ていた。

このまま彼女と離れたくなかった。

離れたくなかったものの…、きっとお嬢様育ちの彼女のこと。これ以上、遅くなったら、家族が心配するだろう。

タクシーを呼んで、彼女を帰すことにした。

帰り際、ノイは、僕の胸に飛び込んできたかと思うと、僕にギュッと抱きついてきた。そして、僕のほっぺに「チュッ」と、軽くキスをした。

これは、どういう意味なんだろう？？　単なる挨拶なのか、それとも…。

動揺した僕は、気の利いたことも、「おやすみ」すらも言えず、ただ彼女の乗ったタクシーを、ぼうぜんと見送るだけだった…。

＊

それからの1週間は、夢のように楽しい時間だった。

アンの実家に4人で遊びに行ったり、アートプロジェクトを一緒にやったり、「これまでの人生で、こんなに楽しいことはなかった」と思うほど、ワクワクする時間が過ぎていった。

チェンマイのそんな生活にも少し慣れた頃、「その事件」は起きた。ゲストハウスのすぐ近くのマーケットで、散歩がてら買い物をしているとき、ドンッ！　と誰かにぶつかられた。しばらくして、土産物を買おうとしたときに、気がついた。

「あれ、財布がない…」

あっ、「おじいちゃんの手紙」は、大丈夫か？
慌ててバックパックをひっくり返して、手紙を入れている袋を探した。
すると、財布よりも大事なおじいちゃんの手紙は、ちゃんとそこにあった。
それを見て、ドッと汗が出た。これがなくなってしまったら、大切な「道しるべ」がなくなって、旅も終わりになってしまう。

これで、ハッと目が覚めた

この出来事は、「偶然のサイン」だ。チェンマイで青春ドラマに夢中になって、「自分の本来の目的」を忘れかけた僕への警告かもしれない。

頭を冷やそうと、宿に帰ってきた。そして、宿に併設してあるカフェのテラスで、これまで開けたおじいちゃんの手紙をすべてもう一度、じっくり読み返すことにした。

【1：偶然】【2：決断】【3：直感】【4：行動】【5：お金】と読み進めると、自然と内側から熱い思いが込み上げてくる。

僕は、ここのところ、いったい何をやっていたんだ!?

よし、もう一度、決め直そう。

この旅の目的は、「偶然と直感を追いかけて、おじいちゃんのルーツを知ること」だ。

そして、そこから得たヒントを活かして、「自分らしい人生を生きるため」に、リスクを冒して旅に出たのだった。
それなのに、今は「中途半端な自分探しの青春旅行」になってしまっている。
このままでは、いけない。なんとかしなくちゃ。
そして、深呼吸をしてから、ノートに大きな字で、

「決めた！　僕は、自分らしい人生を生きるぞ！」

と書いた。そして、猿田《サルタ》さん、徳山《トクヤマ》さんとの出会いを思い出し、あらためて、「本気でやろう！」と心に決めた。

＊

ちょうどそのとき、カフェのテラスの目の前に、真っ白な「プリウス」が止まった。
これだけきれいに洗車してあるクルマは、チェンマイでは珍しい。

「どんな人が乗っているんだろう？」と思ったとき、ドアが開いた。

そこから、出てきたのは、上品な感じの小柄な老人だった。

不思議なオーラというか、しなやかなのにパワフルな感じ。

その老人は、力強く僕の方に歩いてきた。

僕をまっすぐ見つめると、朗《ほが》らかに笑って、手をグッと前に差し出してきた。

「キミが、タイゾウの孫のケイだろう？　彼の若い頃にそっくりだから、すぐにわかったよ。素晴らしい！　まるで、タイムマシンに乗って、昔の彼に会ったような気がするよ。チェンマイへようこそ！」

「ええ！　あなたが、ソムチャイさんですか！」

感動で心が震えた。

タイのバンコク、そして、チェンマイに来たのは、この人と会うためだった。

おじいちゃんの60年来の親友。

僕が「決めた」途端に、そして「紙に書いた」途端に、本人が目の前に現れた！

もちろん「直感」に導かれて「チェンマイまで来る」という「行動」がなければ、これも起こり得なかったわけだが、「決めた」瞬間に、相手が向こうから現れるとは！

単なる「偶然」を超えた事態に、心底びっくりした。

彼は、僕をやさしく抱きしめてくれ、「会えてよかった、よかった」と言って、何度も手を握ってくれた。

ソムチャイさんは、イギリス風の英語を話し、ややインドなまりがあった。アクセントからすると、若い頃に、インドとイギリスの両方で教育を受けたのだろう。

どうやら、あの受付の可愛い女性が、僕が「泰《タイ》三《ゾウ》の孫だ」と言っていたのを伝えてくれたらしい。

それを聞いたソムチャイさんが、京都の徳山さんに連絡し、妹に連絡が行ったというわけだ。念のため、僕が泊まっているゲストハウスの住所を妹に教えておいたのが、よかった。

ひとしきり、これまでの経緯を僕がかいつまんで話すと、彼が言った。

「ここでずっと話すのもなんだから、今から荷物をまとめて、うちに来ないか。ここから遠くないよ。ここに戻りたいなら、いつでも帰ってこられる距離だから」

こうして、僕たちは、郊外にあるという彼の自宅に向かうことになった。

運転手はいるものの、プリウスに乗った大富豪？？

車中、たわいもない世間話をしていたが、クルマについても、好奇心が抑えられなくて、聞いてみた。

「どうして、ソムチャイさんは大富豪なのに、ロールスロイスとか、ベンツとかに乗らないんですか？」

「チェンマイの道は、どこも狭いからね。大きいと、入って行けないところがあって、困るんだよ、ハハハハッ」と、いたずらっぽく笑った。

「大きなクルマは、環境にも悪いし、邪魔なだけだよ。それにね、そんな派手なクルマに乗っていたら、人目につくし、ロクなことがない。人の羨望《せんぼう》をかき立てて、不幸を招くことにもなりかねない。**覚えておくといい…、『お金持ちであることを見せびらかしても、いいことは1つもない』んだよ**」

彼は、実に合理的な考え方の人だ。たしかに、この街では、大きなクルマは邪魔なだけかもしれない。そういうところは好感が持てる。親しみやすい大富豪なんだ…。ソムチャイさんのチェンマイの自宅までは、クルマで1時間かかるらしい。こんなチャンスは、なかなか、ないだろう。僕は、勇気を出して言った。


「あの、質問してもいいですか?」

「素晴らしい! それ自体が、質問だね」

と言うと大声で笑った。どうやらソムチャイさんは「素晴らしい」が口癖のようだ。

「からかって、ごめん。もちろん、なんでも聞きなさい。私はどこにも行かないから」

郵 便 は が き

料金受取人払郵便

渋谷局承認

5641

差出有効期間
2019年12月31
日まで
※切手を貼らずに
お出しください

150-8790

130

〈受取人〉
東京都渋谷区
神宮前 6-12-17
株式会社ダイヤモンド社
「愛読者係」行

フリガナ		生年月日				男・女
お名前		T S H	年齢 歳			
			年	月	日生	
ご勤務先 学校名		所属・役職 学部・学年				
ご住所 (自宅・勤務先)	〒 ●電話 (　　)　●FAX (　　) ●eメール・アドレス (　　)					

◆本書をご購入いただきまして、誠にありがとうございます。

本ハガキで取得させていただきますお客様の個人情報は、
以下のガイドラインに基づいて、厳重に取り扱います。

1, お客様より収集させていただいた個人情報は、より良い出版物、製品、サービスをつくるために編集の参考にさせていただきます。
2, お客様より収集させていただいた個人情報は、厳重に管理いたします。
3, お客様より収集させていただいた個人情報は、お客様の承諾を得た範囲を超えて使用いたしません。
4, お客様より収集させていただいた個人情報は、お客様の許可なく当社、当社関連会社以外の第三者に開示することはありません。
5, お客様から収集させていただいた情報を統計化した情報(購読者の平均年齢など)を第三者に開示することがあります。
6, お客様から収集させていただいた個人情報は、当社の新商品・サービス等のご案内に利用させていただきます。
7, メールによる情報、雑誌・書籍・サービスのご案内などは、お客様のご要請があればすみやかに中止いたします。

◆ダイヤモンド社より、弊社および関連会社・広告主からのご案内を送付することがあります。不要の場合は右の□に×をしてください。　不要 □

①本書をお買い上げいただいた理由は？
（新聞や雑誌で知って・タイトルにひかれて・著者や内容に興味がある　など）

②本書についての感想、ご意見などをお聞かせください
（よかったところ、悪かったところ・タイトル・著者・カバーデザイン・価格　など）

③本書のなかで一番よかったところ、心に残ったひと言など

④最近読んで、よかった本・雑誌・記事・HPなどを教えてください

⑤「こんな本があったら絶対に買う」というものがありましたら（解決したい悩みや、解消したい問題など）

⑥あなたのご意見・ご感想を、広告などの書籍のPRに使用してもよろしいですか？

1　実名で可　　2　匿名で可　　3　不可

※ご協力ありがとうございました。

「は、はい。あの、チェンマイに来るバスの中で、ずっと考えていました。僕がソムチャイさんから、いちばん学びたいのは、ずばり、お金についてです」

「お金？」

「はい、今まで、お金について深く考えたことがなかったのですが、タイに来て、お金を持っているかどうかで、人生が全然違うと思いました。

たとえば、お金がない人は飛行機もエコノミーだし、泊まるところも、ネズミが出るような場所。食べるのも屋台です。僕は、まだ学生だから、それはそれで楽しめますけど、一生このままだとさみしいなと感じました。

お金があれば、『選択する自由』が手に入ります。

高級ホテルに泊まってもいいし、安いところに泊まってもいい。でも、お金がないと、安いところに泊まるしか選択肢がなくなります。

そして、食べるもの、着るもの、住むところだけでなく、結婚相手も、将来の子どもの教育も、お金のあるなしで、全然、違ってくると思います」

「そうだね。キミが将来、何をするにしても、『お金の問題』で悩まされることは間違いない。今の世界では、何をやるにしても、お金が必要になってくる。

お金のシステムがよくわかっていないと、何をやろうとしても、そのたびに、お金に制限される人生になってしまう。

『お金がかかるので、○○できない』『もっとお金があれば、○○できるのになぁ』というのは、よく聞く話だ。

お金のために、最初からいろんなことをあきらめてしまう人、また、生活費を稼ぐためだけに、好きでもない仕事を、ずっと続けている人も多い」

「でも、ソムチャイさん、みんな毎日がんばっているのに、なぜ彼らは、お金から自由にはなれないのでしょうか？」

「残念ながら、お金とちゃんと向き合わないかぎり、お金持ちになるのは無理だ。今の世界は、『**ただ、がんばるだけでは、お金持ちになれないようになっている**』から」

「それは、どうしてなのでしょう？」

「普通、給料というものは、世間の相場に応じて払われる。ということは、『普通の生活ができる程度に、もらえる』ということだ。逆に言うと、『普通に生活に使ったら、ほとんど残らないぐらいの金額しかもらえない』とも言える。

平均よりも給料がいい人は、余ったお金を貯蓄にまわしたり、プチ贅沢をするだろう。そのお金を狙って、様々な会社が奪い合いをしている。化粧品、洋服、レストラン、インテリア、クルマ、休暇など、お金を使うメニューはいっぱいあるからね。

そして、そのどのカテゴリーにも、『よりクオリティーのいいもの』が、予算別に、ずらっとそろっている。

洋服、持ち物、クルマ、住宅など、収入が増えるにしたがって、良質のものがそろえられているわけだ」

「そういったものをグレードアップさせていくのが、いい人生だと思っていました。でも、それは違うんですね」

「多くの人はね、収入が増えると、何も考えずに自動的に支出を増やしていく。それが、人生の成功だと思っているし、自分ががんばったご褒美、または、当然の権利ぐらいに考えているのだよ。

そして、『収入が増えたら、その分だけ、支出も増えるサイクル』にはまってしまう。一度、支出を増やしたら最後、簡単には生活レベルは下げられなくなってしまう。だから、ほとんどの人が、どれだけ収入が増えても、手元にお金は残らないようになっている」

「なんか、みんな催眠術にかかっているんですね。どうして、みんな当たり前のことに気がつかないのでしょう？」

「それはね、ほとんどの人が『お金とちゃんと向き合っていないから』だよ。がんばって働いて、稼いだお金を楽しく使うのが人生だと信じてしまっているからだ。さっき、言っただろう。自分のまわりの人に影響されるのだよ。違う生き方をしている人は見たことがないし、別の人生を創り出す方法も知らない。

自分でも気づかない間に、人類の95％が、今の『資本主義というシステムの奴隷』になってしまっている。経済力を持った人の中には、自分がこの世界での勝者だと勘違いをしてしまう人もいる。お金には、人を狂わせる魔力があるんだ」

「なぜ、お金を持つと、人は勘違いをするようになるんでしょうか？」

「それはね、もともと『自分に自信がない』からだよ。そういう人は、お金を持つことで、自分が偉くなったように錯覚してしまう。実に恥ずかしいことだけどね。そういう人々は、せっかくお金を持っていても、感情的には奴隷のままなんだ」

「それはイヤだなぁ。でも、今の世界のシステムの巨大さ、巻き込む力の大きさが、僕は怖いです。よほどの力をつけないと、僕も吸い込まれてしまいそうです」

「そうだね。『自分で稼ぎ出す力』をつけないと、そうなる可能性も大きい。

逆に、『自分で稼ぐ力』を持ってしまったばかりに、人生で大切なものを失わないようにも、気をつけてほしい。キミのような優秀な人間は、特に勘違いしやすいからね。気がついたら、必要以上のお金があるのに、『もっと、もっと稼がなくちゃいけない』と思って、仕事に熱中してしまうんだよ」

「お金が、あればあるだけいいと思ってましたが、ダメなんですか？」

「いいかい、ケイ。お金というものはね、『自分の器』を超えて持つと、人生の重荷になることもあるんだよ」

「お金が重荷になるんですね。イメージが湧かないのですが、もう少し説明していただけませんか？」

「**『自分の器』を超えてお金を手に入れてしまうと、人は不幸になってしまうんだ。**

たとえば、お金持ちでウツっぽくなってしまう人は、その害を受けていることに、気づかない。『十分な資産があるために、仕事をやっていない人は、人生でもっとも損をしている』ことに気がつかない。『誰かの役に立っているという実感』がないと、毎日が楽しくなくなって、生きることすら、苦しくなってしまうんだよ」

「そういえば、たしか友人のお父さんが資産家で、駐車場とマンション経営をしているけど、その人は、若い頃からずっとウツで、病気がちみたいです」

「そういうことは、よくある。『自分の器』を超えたお金を持つことで、その人の人生がおかしくなってしまう」

「なるほど、祖父が、『お金とちゃんと向き合った上で、お金との距離のバランスをとることが大切』って言っていた意味が、だんだん、わかってきました」

「ところで、『自分の器』はどう測るんですか？」

「そう。『自分の器』の大きさを知る方法はね、ある金額を稼いだり使ったりするのをイメージして、それにストレスを感じるかを見ればいい。それにストレスを感じるようでは、まだまだ、『自分の器』が小さいってことだね」

「お金に対する『自分の器』を大きくするには、何をしたらいいのでしょうか？　祖父は、『誰かを幸せにするたびに、自分の器が大きくなって、お金から自由になっていく』と言っていたのですが…」

「素晴らしい！　さすが、タイゾウ、いいこと言うね。

そう、**いいお金の使い道というのはね、『自分とまわりの人を幸せにできる』という視点で考えてほしい**。そうすれば、自分の器も大きくなって、お金は増えていくし、自分もまわりも幸せになれる」

とソムチャイさんは言うと、ゆっくりと魔法ビンを取り出して、お茶を勧めてくれた。暑い地域でも、熱いお茶は内臓を温めるので健康にいいらしい。

魔法ビンを携帯し、プリウスに乗った大富豪…。たしかに、ソムチャイさんは「お金との距離のバランス」が、普通のお金持ちとは、ちょっと違うみたいだ。

「ソムチャイさん、では、質問を変えます。ずばり、お金持ちになるには、何をすればいいんですか？」

「いい質問だ。お金持ちになるには、３つぐらいしか方法がない。それはね…」

そう言って、クルマの後部席にあったレポート用紙に書き始めた。普段から、何かメモを書き留めておくためらしい。たくさんのメモが書き込まれた紙が挟んであった。

「いいかい、ケイ、お金持ちになる方法はね、

【1】『家族のお金を受け継ぐ』

【2】『お金に働いてもらう』

【3】『自分の才能を使って、仕事で稼ぐ』

のどれかだ。

【1】『家族のお金を受け継ぐ』ことで、お金持ちになる人はいる。だが、当然、『自分の器』を超えたお金を持つことになるので、人生の真の楽しさを味わえないし、かなりの確率でお金を失いやすい。また、こういうタイプの人は、自分で稼ぐ力がない

ので、お金を減らすことがないように、保守的に暮らす傾向がある。
また、一生懸命働いて、ある程度のお金を得られれば…、

【2】『お金に働いてもらう』ことが可能となる。不動産や株などに投資をして、キャッシュフローを得る方法だ。彼らは日常的に働く必要がない」

「なるほど…」

「ということはね、つまり、普通の人には、

【3】『自分の才能を使って、仕事で稼ぐ』

という方法しかないってことなんだよ。資産と呼べるものを持たなければ、自分で作り出すしかない。そして、売りものは、自分の『才能しかない』んだ。誰でもやれる仕事を普通にやっていて、お金持ちになった人はいないんだよ。

『持って生まれた才能を見つけて、どれだけ上手に使えるか』によって、成功度が決

まる。これは、大きな会社に勤めていても、独立しても同じだね。

そのためにはね、

『キミが持っている中で、いちばんの才能で勝負する』

ことが必要なんだ。自分の3番目や4番目の才能を使って成功した人に、私は会ったことがない。『キミが情熱的になれて、寝食を忘れるほど好きなこと』をやらなければ、成功できないんだよ。

キミは、チャールズ・チャップリンを知っているかね？

天才コメディアンであり、『喜《き》劇《げき》王《おう》』と呼ばれた。

小さい頃に両親が離婚し、貧乏であったチャップリンは、その『才能』を活かして、『無声映画のスター』に上りつめたんだ。

チャップリンは、『映画』の中で、こんな名言を残している。

『**人生は恐れなければ、とても素晴らしいものなんだよ。人生に必要なもの。それは勇気と想像力、そして少しのお金だ**』（※8）とね。実に、お金との距離のバランスに優れた言葉だと言える。彼は、持っているいちばんの才能を活かして、努力に努力を重ねて、世界中の人々の記憶に残る人物になったんだよ」

「僕にも、そんな『才能』を見つけることができるでしょうか？」

「人類の95％以上が『自分の才能』を見つけられないまま、一生を終えてしまう。ずっとまじめに働いているのに、お金に振り回されながら、生きているのだよ。

才能を見つけたいなら、『まわりの人からの頼まれごと』を引き受けて、それをしっかりこなすことからスタートするといい。そういうことを地道にやって、はじめて『自分の才能の形』が、だんだん見えてくるようになる。

でも、すぐ、見つけられる人は、意外と少ない。なぜか？

それは、『そのカギは、ごく身近にある』ということに、多くの人が気づいていないからだ。身近にありすぎて、見つけることができないんだよ。

『**人生のチャンスというものは、遠くにあるのではなく、常に半径3メートル以内のところにある**』んだよ」

「はい…」

「今は、それが何かわからないかもしれないけど、きっとキミなら見つけられるよ。何しろ、日本から何千キロも離れた、タイのバンコクやチェンマイに、アポなしで来るほどの『行動力』の持ち主なんだから。

自分の才能が簡単に見つかってしまったら、人生最大の楽しみが、減ってしまうから、時間をかけるのも悪くないんだよ」

「はい…」

「**まったくのゼロから出発して、『自分のキャッシュポイント（才能がお金になる活**

動〉』を見つけて、ワクワクしながら行動して、失敗して、成功して、また失敗して、それから、成功をつかむ。

それこそが、まさに『人生の楽しみ』なんだよ。

もし、できるのであれば、私は、今のキミと替わって、やり直したいぐらいだよ。『その楽しみは、どんなお金にも代えがたいもの』なんだよ。いつか、キミにも、この感覚を実感してほしいね、ハハハハハッ！」

そう朗らかに笑うと、ソムチャイさんはお茶をすすった。

僕は、早速クルマの中で、「お金について」メモしてみた。

- 「お金とちゃんと向き合った上で、お金との距離のバランスをとる」
- 「誰かを幸せにするたびに、自分の器が大きくなって、お金から自由になっていく」
- 「多くの人は収入が増えると、何も考えずに自動的に支出を増やしてしまう」
- 「お金持ちになるには、自分が持っているいちばんの才能で勝負すること」

おじいちゃんからは、「手紙」以外では、お金のことはあんまり聞いたことがないなんて、もったいなかったなぁ。もっと、元気なときに聞いておけばよかった…。

＊

そんな話をしているうちに、クルマはチェンマイ郊外の畑と緑の多い道を走っていた。ようやく敷地には到着したようだったが、門をくぐっても、しばらく、森の中を走ることになった。

そこで目にしたのは、自宅と言うより、ホテル。でも、それは大げさな大豪邸ではなく、上品なプチホテルといった趣の邸宅だった。

玄関を入ってみると、いたるところに、タイだけでなく、世界中の装飾品がさりげなく置かれていた。

タイの大富豪が「終《つい》の住《す》み処《か》」として選んだのは、バンコクではなく、チェンマイの森の中だった。森の空気が新鮮で、とても気持ちがいい場所だ。

テラスでお茶をしながら、これまでのいきさつを話した。

祖父が亡くなって、お金ではなく「手紙」を残してくれたこと。

偶然と直感に導かれて、小樽《おたる》、京都、神戸、そして、バンコクに来たこと。

バンコクで、門前払いされ、チェンマイに来たこと…、などを伝えた。

ソムチャイさんは、1つひとつに感心しながら、僕の話を丁寧に聞いてくれた。

「キミが来たときは、バンコクにいなくて申し訳なかったね。事前にキミが来るという話を聞いていれば、それなりの対応ができたんだけど…。いや、本当に悪いことをした」

そう言うと、心から申し訳なさそうな顔をした。

「いえ、こちらこそ、アポなしで訪ねてしまって申し訳ありません」

「実は、以前、タイゾウが私に手紙を書いてよこしたことがあってね。万が一のときは、キミに、人生について教えてやってほしいと、言われていたんだ。

去年、彼のお葬式のために日本に行ったとき、直接、キミと話そうと思って探したんだが…、キミはいなかったようなので、とても残念に思っていた」

「そうだったんですか？　すみませんでした。でも、こうやって、僕を見つけてくださって。本当にうれしかったです。実は、祖父とは、生前にもっと話をしておけばよかったと、後悔しています。話をする機会はあったのに、たわいもない世間話ばかりで、人生についての話はしたことがありませんでした。

でも、祖父の手紙を読んで、シンクロニシティー（偶然の一致）を追いかけていると、なんだか、祖父と話をしている気がします。こうやって、あなたとお話ししていると、祖父をとても身近に感じられます」

「素晴らしい！　タイゾウは、いい孫を持ったね。彼と最初に出会ったのは、もう、60年以上も前になるのかぁ。時の流れは本当に早いね。私は、偶然、上海《シャンハイ》で日本人青年と知り合ってね。それが京都のトクヤマだ。そして、その親友が、タイゾウだったというわけだ。

彼の上海時代のニックネームは、タイで、『僕の名前は、タイゾウだからね。小さい頃からずっとタイに行くのが夢なんだ』と、目をキラキラさせて、僕に話しかけてくれた。だから、最初から私も彼に親近感を持ったんだ。

あの出会いから、生涯にわたる友情が生まれるとはね。『縁』とは、実に不思議だ」

「そうだったんですね。祖父は、タイに来たことがあったのでしょうか？」

「来るどころか、彼は、タイにしばらく住んでいたこともあった。そのとき、こちらに永住しようかな、という話すらあったんだ」

「ええ？　そうなんですか？　僕も短い滞在ですが、ここに住みたいと思うことがあります。タイと日本って似ているし、なんか、心が安らぐというか、親近感があるんですよね。祖父は、どうしてそんなにタイが好きになったのですか？」

「それがね、タイゾウはね、タイの若い女の子に、恋をしたんだよ。ハハハ。あの堅物だったタイゾウがね～」

「ええ？？　びっくりです。あの祖父が恋ですか？？」

「彼の恋の相手は、なんとミス・チェンマイになった女性でね。知的で、きれいでスタイルが良くて、歌うような透き通る声で話をする女性だった。それは、魅力的だった。彼女が街を歩いていると、必ずみんな振り向いたぐらいだからね」

「へぇ～。それで、あの、その、祖父の恋は、成就したのでしょうか？」

「それが残念ながら、ちょっと複雑でなぁ。２人はいい感じだったんだが、彼女は、結局、別の男性を好きになってしまったのだ」

「ええ？？」

「恋愛とは皮肉なものだね。最初はタイゾウといい感じだったのに、彼女の心は、別の男性に移ってしまった。だが、今度は、その男が、全然、女性に興味がない堅物でね。その恋も成就しなかったというわけだ」

「かわいそう。そ、それで、祖父の初恋の女性は、どんな男性を好きになったんですか？」

「実は、キミも知っている人物だ」

「ええ！！」

今日は、驚くことが多い。

僕とソムチャイさんが知っている人は1人しかいない。

ま、まさか？

「そうなんだ…。あの京都のトクヤマだ。アイツは色白で背が高くて、若い頃は実にハンサムだった。

それに、仏教の修行をしていたから、女性に興味がなかった。そういう男は、逆によくモテるんだなぁ…。悔しいことに」

そう言うと、ソムチャイさんは、実に楽しそうに大声で笑った。

「そこで、私は学んだんだ。女性は追いかけちゃダメだということをね。男性が追いかけたら、必ず女性は逃げる。逃げればもう見込みがなくなる。これは、60年前も、今も変わらない『恋の真理』なんだろうなぁ。

モテる奴は、こちらから追いかけるのではなく、追いかけられるんだよ。『**恋も、仕事も、お金も、欲しがって追いかけると、逃げられる**』んだ。ケイにはタイゾウの血が入っておるからなぁ。恋も、仕事も、お金も、追いかけちゃ、いかんよ、ハハハッ」

「で、祖父はどうなったんでしょう？」

「その後が大変だった。タイゾウが、トクヤマに、彼女を譲ってくれって泣きついてね。それだけ彼女のことが好きだったんだろう。でも、トクヤマにしても、彼女となんの関係もないから困ったわけだよ。結局、その失恋が原因で、タイゾウはタイを去ることになった」

あっ、徳山さんが、「祖父にはしてあげられなかったことがある」って言ってたのは、このことか。おじいちゃん、なんてかわいそうなんだ。でも、ちょっと格好悪いなぁ～。

「そ、それで、祖父が好きになった、そのミス・チェンマイの女性は、その後どうなったんでしょうか？」

「その女性は、今度は、ハンサムで人柄の素晴らしいタイ人のいい男を選んだ。つまり、キミの前にいる私だ！　ハハハハッ」

「ええ？　ということは、祖父の恋の相手は、今の奥様ということですか？？」

隣にいる奥様も肩をすくめて、ニコニコ笑っている。

そして、彼女が言った。

「もし、私がタイゾウと結婚していたら、あなたが私の孫になったという訳ね。うれしいわ。こんな可愛い孫ができて！」

わぁ、もう、あまりの展開についていけない…。登場人物、少なすぎ！

「数奇《すうき》な運命」って、こういうのを言うのだろうか。

60年も前の、若い４人のドラマ。絡み合う運命の糸。

世界を股に掛けた恋愛は、映画になりそう。なんだか、彼らがうらやましい。

僕が、彼らの昔に思いを馳せていると、ソムチャイさんの奥さんが言った。

「私は、タイゾウのことが大好きだったのよ。でも、彼は仕事ばかりしていて、私のことにあまり興味がなさそうだったの。『私のことをどう思っているの？』って聞いてもね…、黙ってばかりで、本当の気持ちを教えてくれなかった。そこで、お別れしてしまったというわけ。残念だったわ。でもね、女の子は、はっきりと言葉にしてくれないと、わからないのよ」

おじいちゃんは、僕とそっくりだ。肝心なときに、黙ってしまうなんて、ダメじゃないか…。僕も人のことは言えないけど…。


僕は、この数日会っていないノイのことを考えた。

僕たちは、これからどうなるのだろう？？

そもそも、僕とノイの未来はあるのだろうか？

思いを巡らせる僕を呼び戻すかのように、ソムチャイさんが続けた。

「それが、私たち5人の青春だった。

その後、トクヤマは、仏教の道へ。タイゾウと私は、ビジネス。もう1人の親友も、精神的な世界に戻っていったよ」

「え？　もう1人登場人物がいるんですか？　その人は、今どこにいるんですか？」

「彼は、農業をやるんだと言って、自分の国に帰って行ったよ。そしてね…」


5人目が、どんな人物かを聞こうと思ったとき、若くて目のパッチリしたメイドがやってきて、夕食の準備が整ったことを告げた。


ディナーのテーブルでは、ソムチャイさんがいろんな話をしてくれた。

彼が若い頃、ビジネスをどう立ち上げたか。家族の話。タイの王様の話。

僕のやりたいことに関しても、いろいろ聞いてもらった。

そして、僕が海外に住んでいたため、英語が上手に話せること、行動力があること、人に好かれる才能があることなどを、ひとしきりほめてくれた。

さすが、大富豪は、ほめ上手。うれしくて天にも昇る気分になった。

「キミさえ良ければ、今日から、しばらく泊まっていきなさい」というありがたい言葉に、そのまま甘えることにした。

ゲストハウスには、電話をして、マダムに「数日は帰らない」ことを伝えた。

そして、案内された部屋に入ると、自然と「今が、次の手紙を読むときだ」という、直感が湧いてきた。

僕は、ゆっくりと、しかし、静かな確信をもって【第6の手紙】を開いた。

第6の手紙：【仕事】

Work

第6の手紙：【仕事】

これは、「仕事」についての手紙だが、キミには、まず「人間の本質」というものを知ってもらいたい。

「誰かに利益を与えたり、喜ばせたりすることに喜びを感じる」のが、人間という生き物なんだ。

これは、集団生活で、「他者に利益を与えることが、自分の生存につながった」原始時代にさかのぼる人間の本能だと思う。

心理学の実験でも、かなり小さい子どもの頃から、「人は、誰かに物をあげたり親切にすることに、喜びを見出す」ようになっている。

つまりね…、どんな人にとっても、人生で最高の喜びは、「誰かに何かをしてあげて、感謝されること」であり、それこそが、つまり「仕事の醍醐味《だいごみ》」なんだよ。

そういう生き方をしないと、人生に意味を見出せなくなってしまう。

「仕事をしないでたくさんお金を得たとしてもね、本当の意味で、人は幸せを感じることはできない生き物」なんだ。

だからキミには、自分の才能を使って仕事をし、人を幸せにしてもらいたい。

そしてね、もう1つ覚えておいてほしいのは、世界は、「キミの才能が開花するのを待っている」ということだ。

自分のやりたいことをやって、社会に貢献してほしい。そのためには、キミの才能を活かせる「天職」に出合う必要がある。

最初の頃は、自分の「天職」になかなか出合えないだろうが、心がけてさえいれば、必ず出合えるものだよ。

「天職」というと、「まさに、それをやるために生まれてきた！」というイメージがあるかもしれない。もちろん、そういう場合もあるのだが、それだけとは限らない。もっと、大きな視点で考えてみるといい。

「今やっている仕事を好きになる」ことで、それが天職になることもある。また、「好きな仕事を探す」うちに、見つかることもある。

「今やっている仕事を好きになる」には、まずは、一生懸命に仕事に取り組んでみることだ。「これ以上できない！」というぐらいに一生懸命にやってみてほしい。

そうすると、その仕事の中で「自分の才能を活かせるポイント」がわかってきて、結果も出るようになってくるから、仕事が好きになれる。

でも、人によっては、それがベストでない場合もある。そういうときは、「好きな仕事を探す」方がいいだろう。それは、「天職」と言ってもいい。

「天職」の探し方の一例はね、たとえば、キミが小さい頃から楽しかったこと、努力せずに上手にできることの周辺から探すんだ。

いろいろ体験していくうちに、自分の得意、不得意もわかってきて、本当にやりたいこともわかってくるだろう。

これには、数年から10年ぐらいかかるかもしれない。**でも、「天職を探し出す道のりこそが人生の道のり」でもあるから、焦らずにじっくりと向き合ってほしい。**


そういう意味では、「天職」というのは「恋愛」と一緒なんだ。

いきなり、一目ぼれする人もいれば、徐々に何年もかけて相手を好きになっていくこともあるだろう？

だから、一目ぼれじゃないからといって、「本物じゃない」とも限らないんだ。

18歳で生涯のパートナーに出会う人もいるし、40歳、50歳で出会う人もいる。「どちらかが、良い悪いではない」んだよ。

また、一生出会えない人もいるかもしれない。それも、人生だ。

時間がかかっても、キミには、「大好きな仕事（天職）」を、探してもらいたい。

成功している人はね、みんな仕事が大好きだ。というよりも、「心から仕事が大好きだから、成功した」というのが正しい順番かもしれない。

仕事が大好きな分、いつも楽しく仕事のことを考えているから、その分野において、人が困っている問題を見つけるのが上手で、それを解決する手段を次々に思いつき、すぐに行動に移すことができる。その間、ストレスはほとんどないんだよ。だから、彼らは成功する。

自分の大好きなことをやって、しかも、お金をもらえるなんて、これ以上の幸せはないと思わないかね？

でも、今のところ、そういう生き方ができている人は、人口の「数％」ぐらいだ、残念ながら。

でも、思ったよりは、ごく身近にたくさんいるんだよ。お花が大好きな花屋。患者さんの話を笑顔で聞く医者。子どもに情熱的に向き合う学校の先生なんかもそうだ。

逆に、仕事が嫌いな人はね、「意味を見出せないような労働」しかできない。そして、そのことでずっと苦しむことになる。

仕事中は、時計が気になり、いつ仕事が終わるかしか考えられないのだから、一日中、ずっと辛いんじゃないだろうか。

キミは本田宗一郎《ほんだそういちろう》を知っているかね？

彼の人生のスタートは、自動車修理工場の修理工だった。あるとき、遠くへの買い出しに苦労していた妻の自転車に「エンジンをつけたら楽になるんじゃないか」と思いつき、オートバイ研究を始めたんだ。現在では、ＨＯＮＤＡのバイクは世界1位の売上で、ＨＯＮＤＡのクルマも、世界中で走っている。

彼が残した言葉にこういうものがある。「『惚《ほ》れて通えば千里《せんり》も一里《いちり》』という諺《ことわざ》がある。**それくらい時間を超越し、自分の好きなものに打ち込めるようになったら、こん**

な楽しい人生はないんじゃないかな。そうなるには、一人ひとりが、自分の得手不得手を包み隠さず、ハッキリ表明する。石は石でいいんですよ。ダイヤはダイヤでいいんです。そして、監督者は部下の得意なものを早くつかんで、伸ばしてやる、適材適所へ配属してやる。そうなりゃ、石もダイヤもみなほんとうの宝になるよ」（※9）と。

どうだい？ 本田宗一郎は、「仕事が好きで、大好きなことを仕事にすると、偉大な業績が達成できる」っていうことの、見本みたいな人物だろう？

もし、仕事が楽しめなければ、何かがおかしいと思った方がいい。仕事が楽しくない理由は、だいたい3つあるんだよ。

1番目は、「自分の才能に合っていない仕事をやっている場合」だ。

自分の才能に合わないことをやっていても、絶対に長続きしない。なので、これは違うと思ったら、キッパリと、すぐにやめること。そして、自分に合って、才能を活かせる仕事を探した方がいい。

2番目の理由は、「仕事のやり方が、楽しくない場合」だ。

働き方や働く場所、あるいは、契約のやり方が自分の理想とは違うとき、仕事は楽しくなくなるんだよ。

仕事のやり方には、職場の空気感というのも含まれている。上司が威圧的に物事を進めていく環境だったりすると、人はのびのび仕事ができない。

自由にクリエイティブに仕事ができる「環境」は大切なんだ。

3番目は、「人間関係が良くないとき」だ。好きなことをやっていても、人間関係が良くなければ、楽しく仕事をすることができない。職場に意地悪な人がいたり、コミュニケーションがうまくいかなかったら、最悪だ。

人が仕事を辞めるとき、いちばん多い理由は「職場の人間関係」だ。

逆に、どれだけ内容がつまらなくても、給料が安くても、人間関係が良ければ、なかなか辞めたいとは思わないものだよ。

さて、最後にもう一度言うが、キミには、「才能を使って仕事をして、多くの人を幸せにする」ことをしてほしい！

キミが、「一生の仕事」に出合えますように。
そして、たくさんの人に感謝されるような生き方ができますように！

手紙を置いて、今の感動を静かに受け止めよう。
「人を喜ばせること」が仕事なのか。
そして、自分の心が震えるのが、天職か。
僕も、いずれ天職を見つけて、幸せに生きたいなぁ。

＊

次の日の朝、起きると、全身が爽快感でいっぱいになっていた。

ひさしぶりに、グッスリ寝ることができたみたいだ。

この家を囲む森の空気がいいからだろう。テラスに出てみると、きれいに朝食のテーブルがセットされていて、そこで、ソムチャイさんは、新聞を読んでいた。

「おはよう、ケイ。よく眠れたかね？」

「はい、もうグッスリです。昨日は、ありがとうございました。今日もよかったら、お話を聞かせてもらえませんか？」

「もちろん。時間はたっぷりあるからね。キミは私からどんなことを聞きたいのかな？せっかくだから、散歩でもしながら話そう。ここの森は、とても気持ちがいいよ！」

森の散歩道に出ると、待ってましたとばかりに僕は切り出した。

「ソムチャイさん、今日は、仕事について、聞かせてもらえませんか？」

「ケイは、仕事の何について聞きたいのかな？」

「僕は、これから数年で仕事を始めるのですが、どういう仕事をやれば、充実した毎日を送れるのかを知りたいんです。まわりの友人たちは、ただ大きくて有名な会社に有利な条件で就職することしか、考えていません。

そういうことではなくて、『意味のある仕事とは何か』を知りたいんです。生活するためでなく、充実感を感じられるような仕事です」

「なるほど、素晴らしい。とてもいい質問だね。仕事にはね、お金の稼ぎ方という意味で、大きく分けると、『3つの形』があるんだよ。それを教えてあげよう。

【1】『労働で稼ぐ』

まず、最初に、労働で稼ぐというステージがある。

これを超えないことには、何も始まらないんだよ。

労働で稼ぐということはね、清掃業者、ウェーター、レジ係、守衛など、特に高度な専門知識がなくてもできる『単純労働』を意味する。セールス、経理、料理、教師、運転、などは、経験や資格がないとできないから、単純労働よりも、ちょっとお給料が良くなるはずだ。

でもね…、『労働で稼ぐ』ということは、極論すると『汗の量《はか》り売り』なんだよ。いわゆる、会社からお給料をもらっている人の大半は、実は『時給で働いている』ということに気がついていない。『労働した時間の分だけ、対価を得ている』わけだからね。このやり方では、『お金持ち』になるのは、非常に難しい。それどころか、生活費を払って、ちょっと贅沢してしまったら、もうそれで終わりだ。

弁護士や医者なども、一見『いい仕事』のようだが、『雇われ』でやっているのであれば、時給が高いだけで、本質的には同じことだ。

そういう仕事に就く人は、いいスーツが必要だったり、いいオフィスを構えたり、いいワイン、食事、ファッションなんかにも詳しくなるから、当然、出費も多くなる。
時給で働く仕事から卒業するためには、『知恵』をしぼることが必要なんだ。

【2】『ビジネスで稼ぐ』

ビジネスで稼ぐというのは、事業を立ち上げて、アイデアやシステムで稼ぐことを言う。自分の『知恵』で勝負する生き方だと言える。

単なる『時給』で評価を得る仕事ではなく、結果で報酬をもらうというスタイルだ。なので、相当の経験と自信がないとできないだろう。なぜなら、失敗すれば、負債を負うことにもなるからね。

もし、『自分のビジネスで稼ぐ』ということをやりたければ、『自分が何を提供できるのか』ということに、真剣に取り組むことだ。

つまり、『ビジネスで稼ぐ』とは、『しぼった知恵の量で、稼ぎが決まる』ってことなんだ。少なくとも、その業界で、『100人に1人ぐらいの知恵』をつけなければ、ビジネスで大成功はしないだろうね。

実現可能性とストレスの少なさでは、実は、いちばんオススメなのは、このゾーンで『幸せな小金持ちになること』だ。それは『小さなビジネスオーナーになる』という生き方だ。ビジネスを拡大させてしまうと、その分ストレスも増えてくるからね。『労働とお金の交換』から解放されて、はじめて自由になれる。

それは『自分の年収を、もう少し増やすこと』をしながら、『より、やりがいのある人生を生きる』というスタイルでもある。

【3】『資産で稼ぐ』

資産を使って、資産を増やすという稼ぎ方だ。不動産に投資したり、株に投資したり、絵画やアンティークのアートなどを買ったりする。

それが、時間と共に価値が高まったり、配当や家賃収入を生み出してくれたりする。でも、ここでは注意が必要だ。『資産で稼ぐ』ときに大切なことはね、『それが、どれだけちゃんとお金を生み出し続けるか？』を、きちんと把握することなんだよ。つまり、『劣化しない資産』を持つことが大切なんだよ。

たとえば、株式投資をしていても、毎日のように頻繁に売買しているようでは、それは『投資家』ではなく、『ただのトレーダー』だ。


この『資産で稼ぐ』ステージでは、やはり失敗も多い。私の感覚では、最初の1億円は損しないと、お金は貯まり始めない。なぜなら、お金持ち初心者のうちは、投資するときに、『価値が上がるものと、下がるものの違いが見えないから』だ。**『人間は、損をしないと、学べない』ものなんだよ。**だから、最初の損を気にしていたら『お金持ち』にはなれないってことさ。

最初の頃に損するお金は、お金持ちになるための『会員権の値段』だと思えばいいだろう。その後の失敗は、『会員権の年会費』と思えばいい。

『投資』におけるいちばん大切な考え方はね、『時間を味方につけること』なんだよ。

1～2日、1～2週間の、目先の値段の上下は誰にもわからない。誰にもわからないものに投資することを、何と言うかね？　それを『ギャンブル』と呼ぶ。

そうでなくて、『**時間を味方につける**』んだ。

短期ではわからなくても、長期でなら、その会社や不動産が、将来的に価値が上がるかどうかは、『知恵を使えば、ある程度、予測することが可能』なんだよ」

「なるほど…」

「『仕事の3つの形』という視点で見ると、それぞれ、その人にマッチした仕事があるんだよ。よく考えて、自分に合った仕事を選ぶことだね。まずは、『自分の器を知ること』なんだ。それはね…、結局、行動してみないとわからないことでもある」

そう言うと、ソムチャイさんは、おだやかに微笑んだ。

そうか、【1】「労働で稼ぐ」、【2】「ビジネスで稼ぐ」、【3】「資産で稼ぐ」、そんな「仕事の3つの形」があるなんてこと、まったく考えたこともなかった。

おじいちゃんの手紙や、ソムチャイさんから、「仕事」について教わらなければ、何も考えずに、「あの会社は大きいから安心だ」「あの仕事はカッコよさそうだなぁ」ぐらいの感覚で、社会に出てしまうところだった。

聞いてみると、当たり前のことなのに、誰にも教えてもらったことがない。

でも、世の中の95％以上の人が、それぐらいの感覚で、仕事を選んでしまっているのではないかと思う。少なくとも僕の大学の友人たちはそうだ。

「仕事」について、もっともっと、僕は学ばなければならない…。

「ソムチャイさん、仕事について、もっと、聞かせてもらってもいいですか？　ずばり、仕事で成功するためのカギは、なんでしょう？」

「いい質問をするね。仕事で成功するには、２つ、重要なことがあるんだ」

僕は、どんな答えが返ってくるのだろうと、ワクワクした。

ソムチャイさんも、楽しそうに話してくれている。

大きく息を吸い込むと、彼は続けた。

「仕事で大切な2つのこととはね、『情熱』と『工夫』なんだ。

まず、『情熱』について説明しよう。『情熱』とはね、夢中になるということだ。ととんそれを好きになる、没頭するということなんだよ。

それが『すべての原動力』となるんだよ。

キミは、手塚治虫《てづかおさむ》を知っているかね？

『鉄腕アトム』『ブラック・ジャック』などの名作を残した、『まんがの神様』とも呼ばれているまんが界の偉人だ。タイでも彼のまんがは非常に人気があるんだよ。そして、彼のまんがに対する情熱は凄まじいものがある。

彼は、小学校の時から、まんがを描いては同級生に見せていた。そして、医師とまんが家、どちらで生きていくか迷ったときに母親に相談し『あんたの好きな道をいきなさい』と言われて、まんが家を選んだと言われているんだよ。普通だったら、確実に稼げる『医者』を選びそうだよね」

「そうなんですね。僕も子どもの頃、彼のまんがをたくさん読みました」

「手塚治虫の仕事ぶりは、ものすごくハードで有名だったんだ。昼夜をとわず、何十年もまんがを描き続け、描いたまんがは７００タイトル、原稿の総ページ数は、なんと約15万枚とも言われている。

病院のベッドの上でも仕事をしていたらしい。そして息を引き取るときの最後の言葉も『隣へ行って仕事をする。仕事をさせてくれ』(※10)だったんだ。どうだい？　これぐらい仕事が大好きで、その仕事に『情熱』を傾けられれば、大成功できると思わないかね？」

「はい、手塚治虫さん、すごいですね…」

「だから、情熱を込められる『大好きな仕事』を見つけることが何より重要なんだよ。

これは、タイゾウの『手紙』から教わったと言っていたよね…」

「はい…」

「そして『情熱』にはね、『この人のために働きたい！』という種類の『情熱』もあるんだよ。**『誰かに報いたい、誰かを喜ばせたいという恩返しのエネルギー』は、とても大きなものなんだ**。それさえあれば、『真心がこもった仕事』ができるようになる。『真心がこもった仕事』をやっているとね、多くの人が応援してくれるんだよ」

「わかる気がします」

「そして、将来、仕事をするときには、逆の立場になることもあるだろう。つまりね、『キミに報いたい、キミを喜ばせたいと思って仕事をしてくれる人が、何人いるか』が大切ってことだよ。その人数が多ければ多いほど、仕事は成功するはずなんだ」

「はい…」

「そして、仕事には、もう1つ、『工夫』というものが非常に大事なんだ。仕事というのはね、『経験を蓄積していくこと』が大切だからだ。『積み上がっていく経験』をしていかないかぎり、同じところをグルグルまわるだけになってしまう。

同じ仕事を何も考えずに10年やっても、積み上がることがない。

たとえば、料理人が工夫をせずに、ただ10年間、同じ料理を作り続けていたら、その10年は、『積み上がっていく経験』ではないことになる。それだと、30年やっても、40年やっても、繁盛店になるのは難しいだろう。

つまりね、仕事の『工夫』には、

『量』と『質』と『方向性』が大切

ってことなんだ。

どれぐらいの『量』の仕事をこなすか。

どれぐらいの『質』の仕事をするか。

また、どの『方向性』へ向かって、工夫するかを、とことん考えるんだ。

考えられる限りの工夫をしていかないと、『積み上がっていかないし、掛け算がきかない』んだ」

「はい…」


「だから、たとえば、料理人ならね、自分で『お店を持つ』という『方向性』のために、レシピを工夫したり、お客を増やす工夫をしたり、経営を学んだりして『質』を高めること。それを、一定以上の『量』をこなしていくことで、はじめて仕事の成果が積み上がっていくんだ。

誰にとっても、仕事は『一生に関わる大きなテーマ』だからね。キミには、仕事について、ちゃんと考えをめぐらせてほしい。

なぜ仕事をするのか、誰のために仕事をするのか、どう仕事をするのか、どういう気分で仕事をするのか、についてね。

そして、最終的に『仕事で成功して、ある程度の資産を築ける人』というのはね、『視線の高さ』が違うんだ。

それは、『どこを見て仕事をしているか？』ってことなんだよ。

地面に落ちている小銭を探すように仕事をするのか、目の前のやるべき仕事をこなすのか、業界全体のため、世界のために仕事をするのか。どこを見るかで、成功の度合いが、全然、違ってくるんだよ」

「なるほど、『どこを見て仕事をしているか？』なんですね。ソムチャイさん、ありがとうございます。仕事について、これから、もっと、もっと、真剣に考えたいと思います」

僕がそう言うと、ソムチャイさんは、本当にうれしそうにニッコリと微笑んだ。

「さて、ケイ、仕事についての質問は、だいたい終わったかかな。それでは、今度は、私からの質問だ。キミは、これからどうしたいのかな？」

その質問に、僕は緊張した。ずっと、このままお世話になるわけにはいかない。今こそ、この数日間、考えてきた提案をするタイミングが来た！

「実は、僕から、ソムチャイさんに提案があります。チェンマイにある、ソムチャイさんのレストランの1つで働かせてください。といっても、『ビザ（査証）』の関係で、働いてお金をもらうことはできないと思うので、無報酬で仕事をさせてもらえないでしょうか？　その代わり、週に1回、ソムチャイさんとお話ができたらうれしいです。厚かましいお願いだということは、よくわかっています。でも、教えていただいたことは、きっと必ず将来に活かしてみせます。それぐらいしか、今の僕には約束できないのですが、いかがでしょうか？」

「わかった。契約成立だ。これから、タダ働きしてもらおう！」

ソムチャイさんは、僕の提案を聞くと、わずか「1秒」で決断してくれた。そして、ことのほか、ご機嫌だった。

僕の提案が良かったからか、それとも、タダで労働力を手に入れたからなのか？

＊

次の日、ソムチャイさんのレストランに行ってみると、店長は若いイケイケのアメリカ人だった。

タイのチェンマイに来た世界中の観光客が相手の「イタリア料理」を出す店で、店員は全員タイ人だ。いい人たちだけど、みんなやる気はあまりなさそうだ。チェンマイの人々は、一般的に「仕事熱心」な方ではないのかもしれない。日本もそうだが、田舎の人の方がのんびりしている。

一方、アメリカ人の店長は、ハイテンションな人で、笑顔がハリウッドのスターのようにさわやかだった。でも、タイ人のリズムとは合っていない感じで、それがお店の内部のコミュニケーションを難しくしているようだった。

店長のモットーは、「You can do it!（キミなら、できるさ！）」。ことあるごとに、「You can do it!」と言って、ハイタッチを全員に強制するのだが、みんなちょっとこれには迷惑そうだった。

でも、タイ人はやさしい。店長と一緒に「You can do it!」を唱和しながらも、笑顔は絶やさない。さすが「微笑《ほほえ》みの国」と呼ばれるタイだ。僕は、ただ感心して、その様子を見ていた。

一説によると、タイ人は、「13種類の微笑み」を使いこなすらしい。宿に長くいる先輩の日本人に聞くと、微笑みには、「相手に合わせる、営業スマイル」のようなものもあるらしく、必ずしもアメリカ人の店長に納得しているわけではなさそうだ。一生懸命やっている店長と、スタッフの笑顔を見ていると、なんだかおかしかった。

その夜、僕ができそうなことを30個書き出そうとがんばってみた。これからが、僕の「本当の実力」が試されるときだ。**「量と質と方向性が成功を決める」なら、自分は、お店に何を提供すればいいのだろうか？**

何をすれば、「大きな業績」につながるのだろう？

よし、ソムチャイさんをびっくりさせてやるんだ。「さすが、タイゾウの孫は違うなぁ」と感心させてやりたい！

そう考えただけで、全身が熱くなった。

それから、ああでもない、こうでもないと唸って、画期的なアイデアをひねり出そうとがんばった。でも、数時間後、出て来たのは、たった2つのアイデアだけだった…。

【1】「元気よく、さわやかなおもてなし」
【2】「日本のおしぼりサービス」

書き出した目の前のアイデアを見て、残念すぎる自分にため息が出た。日本の普通の学生である僕が、タイで提供できるものなど、たかが知れている。

でも、とにかくやるしかない。


独自メニューも開発するべく、連日、キッチンで夜遅くまで試作品を作り続けた。シェフの助けもあって、完成したのが「トムヤムクン味のピザ」だ。

多分、タイでオンリーワン。ということは、世界でもオンリーワン？

トムヤムクン・ピザ！


試作品を試食してみると、実にうまい！

こんなすごいピザを作ってしまった僕は、「料理の天才かも!?」と思ってしまった。

これは、イケるぞ〜！

次の日、「新メニュー、トムヤムクン・ピザ」の「チラシ」を大量に刷って、手当たり次第に配ってまわった。店長には「これからお店で行うケイのチャレンジには、ぜひ、協力してやってほしい」とソムチャイさんからの指示が行っているので、許可は簡単に出た。

あとは、新メニューの発売日を待つのみ。

当日。お店はいつもどおりオープンした。だが、14時になっても、16時になっても、ディナータイムになっても、トムヤムクン・ピザを食べてくれる人は、1人もいなかった…。

お店に来ている観光客に聞いてみると、「もうしばらく辛い料理は食べたくない。普通のピザがあってよかった!」という人が多かった。

みんなバンコクなどを経由して来ているので、チェンマイにたどり着く頃には、「タイ料理」の辛さには、食傷気味になっていたのだ。

ピザなら、普通のものが食べたい。わざわざトムヤムクン味のピザなんて、よほどタイ料理が好きならいいけど、「見たくもない」ということだった。

これは、日本人も、他の外国人もまったく同じだった。

僕のアイデアは、自分では「すごすぎ！」と思ったけど、単なる幻想の成功に、ぬか喜びしただけだった。

たしか、「ビジネス最大の失敗は、自分の思い込みだ」と言われていた。

僕は、自分の検証の甘さとセンスのなさに落ち込んだ。

残ったのは、大量に残ったトムヤムクン・ピザのチラシだけだった。

その夜、すがるような思いで、【第7の手紙】を開くことにした。

そこには、まるで、必ずそうなることがわかっていたかのように「失敗」と書いてあった。

やれやれ…、どうやら、おじいちゃんは、「天国」からも、すべてお見通しのようだ…。

第7の手紙：【失敗】

Failure

第7の手紙：【失敗】

キミが、この手紙を開けたということは、何か大きな「失敗」をやらかしたに違いない。そして、ちょっと落ち込んでいるかもしれない。

でも、落ち込むことも、心配することもないよ。

私は、失敗という意味では「勲章」をもらってもいいほど、派手な失敗をしてきた人間だ。

私がどれだけ恥ずかしい失敗をしてきたかを知ったら、キミも、きっと勇気が出ると思う。思い出しただけで「イヤな汗」が出る失敗ばかりだ。若い頃から、それは、それは、大失敗のオンパレードだったよ。

お客の注文を1桁も間違えて発注したり、集金袋を落としたこともあった。外国で預かった団体客のパスポートを、全員分、失くしたこともあったなぁ。今でもあの頃の夢を見て、ハッと夜中に起きることがあるほどだよ。事業を始めてからも、失敗に次ぐ失敗の連続だった。こんな私でも、最終的には何とかなったんだ。だから、キミも絶対に大丈夫だよ。

今日は、失敗という観点から、私の人生について話してみよう。

この歳になると**「失敗の数だけ、老後の楽しい思い出が増える」**という言葉は、実に的を射た言葉だと、しみじみと思う。

外から見たら「大富豪」と呼ばれた私は「経済的に成功した」ように見えるかもしれない。

しかし、実際のところは、事業でも人生でも、成功したことより失敗したことの方が、はるかに多かった。

別の視点から言えば、「たくさん挑戦したから、たくさん失敗した」とも言える。「それだけリスクを冒したからこそ、最終的には、ビジネスで成功できた」んだ。

野球でも、打率が30％を超えると、強打者になれるんだよ。逆に言うと、「10回に7回は失敗しても、成功できる」ということだ。

つまりはね…、「大成功した人」でもね、人生の結構な時間は「落ち込んでいたり、うまくいかない時間」を過ごしているってことなんだ。

「結果的にうまくいった人でさえ、一生の7～8割は、苦労が続いて、不安や心配で寝られないような時間を過ごしている」

つまり、誰しもね、**「幸せな時間というものは、ずっと長続きするものではない」**ということなんだよ。

それは、「山登り」にも似ている。途中はずっと苦しいが、頂上に来たらスカッとした景色が見える。そこでしばらく景色を楽しんだら、また次の頂上を目指すんだよ。

もちろん、負荷をかけずに、平坦な道を歩くという安定の旅もあるだろう。

だが、平坦な道を歩いていても、心が晴れ渡るような景色は見られないんだ。

途中で、不安や試行錯誤があるからこそ、うまくいったときの幸せも、何倍も感じられるんだ。ある意味では、「谷が深い方が、山の高さを感じられる」とも言える。

そう考えれば、「失敗」も悪いもんじゃないだろう？


行動すると、必ず失敗がついてくる。必ずだ。これは、避けられない。

キミも、今後、何度も「派手な失敗」をするだろう。

ただね…、何も行動しなかったときよりも、はるかに成功に近くなるんだよ。

「失敗の本質」を知って、そこからどう回復するかさえマスターしておけば、何も怖いものはない。


つまりね、「成功のためには、失敗は必要だ」ということを知るだけでいい。

「失敗のない成功は危険だ」とも言えるね。

「失敗してもあきらめずに行動し続ける人」の方が、成功する確率は、10倍にも、100倍にもなる。

残念ながら失敗しない方法は存在しないのだから、「成功のためには、失敗は通過点だ」と考えるといいだろう。何度、失敗しても、またチャレンジすることだけを考えていればいいってことさ。

それでも、思いきり失敗したら、どうすればいいかって？

答えは、いたってシンプルだ。

「失敗から、どうやったら挽回できるかを考え、行動すればいい」だけだよ。

逆に、それ以外に何かいい方法があるなら、教えてほしいとすら思うがね…。

しっかりと考えて、「これでいこう！」と決めたら、行動するだけだ。

右に行っても左に行っても、何年か経ったら、あまり変わらないんだよ。それよりも「どちらかを選んだ後は、本気で行動すること」が重要なんだ。

もし、その選択が間違っていたなら、そのときは、また、別の道を選べばいいし、うまくいったならば、そのまま進めばいいだけだ。

どうだい？　それなら「選択はどちらでもいい」と言えるだろう？

「失敗とは、うまくいっていない時点で、あきらめること」を言う。

失敗したときは、誰でも悩む。まぁ、「悩むな」と言っても無理だろう。「人間は悩むようにできている」のだから。

でも、「悩むだけで、何も行動しないと、それがいちばんもったいない」ということだけは知っておいてほしい。過去に対してできることは、「受け止めること」だけだ。過去は変えられないからね。

悩んでもいい。失敗をして、悩みながらも、行動し続けることだ。

いいかい？　**人生にはね、うまくいかない分野もあれば、うまくいっている分野もある。1つがダメなら、別の分野でがんばればいいんだよ。**

私も、最終的に「事業」では成功したものの、外面《そとづら》がいいだけで、いちばん大切な「家族との人間関係」を、理想の状態にはできなかった。

言い訳ではないのだが、日本有数の「大起業家」で、誰もが名前を知っているような人物でも、「家族との人間関係」がうまくいっていない例は、実に、たくさんあるんだよ。つまり「両立するのが難しい分野」なんだと思う。

長い人生では、「病気」になったり、「事故」にあうということもある。それも、ある意味では「失敗」というカテゴリーに入ると考えられるかもしれない。

でも、私は、病気や事故による不幸は、「失敗」だと思わない。

病気や事故によって、体が不自由になったりすることがある。本人はがっかりしたり、落ち込むこともあるだろう。私自身も経験したからよくわかる。

でも、それによって「不便」なことが多くなるだけで、「不幸」になる必要はない。ガンになって、余命宣告されたり、事故などで体が不自由になるということは、一定の確率で、誰にでも起こり得ることだ。

でも、そういうことをきっかけに、はじめて「自分にとって何が大切か」を考えられたりするんだ。

制限の中で、自分に何ができるか、何をやるか、向き合うことになる。だから、それは失敗ではなく、「ウェイクアップコール（目覚まし）」のようなものだ。

私から見れば、肉体的な制限があるよりも、「何をやりたいかわからないまま、自分にとって、どうでもいい仕事をやる」方が、よほど不幸な人生だと思う。

キミに問いたい。人生の意味とは「健康で長生きすること」なのかね？

私は違うと思う。最終的にはね、キミが

「自分に与えられた命を使い切ったかどうか」

だと思うんだよ。

さぁ、立ち上がって、もう一度、挑戦してみなさい。

成功するのは難しいようだけれど、「挑戦する人の数が少ないので、実際には、競争相手は、ほとんどいない」んだよ。

私がついている！

キミの応援団より。

手紙を置くと、胸のあたりが、ジーンと温かくなった。

おじいちゃんも、失敗だらけだったのか。ちょっとうれしかった。いや、ものすごく励まされた。

でも、やっぱり、「失敗」したら、人間は悩む…。「おじいちゃんの手紙」に励まされたとはいえ、ソムチャイさんに失敗を報告するのは、本当に、気が重いなぁ。

＊

週末。重い足を引きずって、僕は、ソムチャイさんの家に行った。

いつものように、ランチのテーブルに着いた。まったく何事もなかったように、和やかな時間が流れ、次々と料理が運ばれてきた。

ひょっとしたら、僕の大失敗に関して、何も報告を受けていないのかもしれないと思ったが、そんなわけはない。

僕が何をしているかは、店長から毎日のように報告が行っているはずだ。

わざとそのことに触れないやさしさが、かえって僕には辛かった。

ランチが終わる頃、さすがに何も言い出さないわけにはいかず、僕は、プロジェクトが大失敗したことを手短かに話した。

「すみません、大失敗しました」と言って、頭を深く下げた。

「何が、すみませんなのかな？

たしかにチラシに関しては、無駄になったかもしれない。でも、トムヤムクンとピザだから、食材は他で使い回しがきいた訳で、実害は、ほぼゼロだよ。

キミが言う失敗は、私から見たら、まったく失敗ではないんだ。

それどころか、キミはリスクを冒して挑戦した。それは『勲章』に値する。

なぜなら、『たとえ失敗しても、挑戦し続けることができたら、いつか必ず、成功する』のだから。

挑戦し続けている限り、それは失敗と呼ばれる状態ではない。『挑戦をやめて、もうダメだ…、となったときに、はじめて失敗が確定する』んだよ。

『成功するための唯一の方法は、失敗してもあきらめずに、挑戦し続けること』だ。

それに、あのときのキミの行動は、お店にとっても、非常に『いい宣伝』にもなった。地元の新聞にも載ったそうじゃないか。

そういう意味では、チラシすらも、無駄にはならなかったんじゃないかな？

ケイ、実に、よくがんばったね！　素晴らしい！」

僕は、どう考えたらいいのか、混乱していた。

慰められている…、という訳でもなさそうだ。

いや、どちらかというと、ほめられているのでは？

ポカンとした僕に、ソムチャイさんが言った。

「キミに、『金メダル』をあげよう。

これは、挑戦して失敗した人を讃《たた》えるためのメダルなのだよ」

そう言うと、彼は、ズボンのポケットから、金のメダルを取り出した。

ソムチャイさんは、ずっと、用意してくれていたのか…。

「僕を慰めようという気配り、すごくうれしいです。本当に感動しました。でも、なんであの失敗が、金メダルなんですか？」

「それはね、『挑戦する人が、いちばん偉い』からだよ。

そう…、うちの会社では、成功した人は、『銀メダル』をもらえる。

でも、リスクを冒して派手に失敗した人には、『金メダル』だ！


私は、失敗の方をより評価しているんだよ。なぜなら、さっきも言ったように『成功するための唯一の方法が、失敗しても挑戦し続けること』だからね。

これまでの人類のすべてのイノベーションは、大失敗から来ている。『失敗するということは、その前に、果敢に何かに挑戦した』ということだ。

それは、すごいことなんだよ。多くの人は、人生でたった1つの大きな失敗すらできずに、人生を終えるんだから。大失敗、おめでとう！」


大失敗をほめられて、つい、涙が出そうになった。

僕は喜ぶべきなのか、恥ずかしく思うべきなのか、わからなくなってしまった。

たしかに、僕が全力で、挑戦したのは間違いない。

ただ、方向性が違っていただけで…。

そうか…、「本物の成功者」は、「そういうところ」を評価してくれるのか！

この瞬間を僕は、一生忘れないだろう。

どんなことをしてでも、ソムチャイさんの思いに、絶対、報いたいと、本気で思った。そんなことを考えていると、またソムチャイさんが話し始めた。


「キミは、ウォルト・ディズニーを知っているよね。今や、ザ・ウォルト・ディズニー・カンパニーは、ディズニーランドをはじめ、全世界に18万人以上の従業員をかかえる大企業になっている。

しかし、そんなウォルト・ディズニーも、最初は失敗の連続だったんだ。

彼は、自身が立ち上げた会社の倒産も含めて、何度も大きな失敗をしている。あれだけたくさんのことをやって失敗しないほうがおかしいともいえるね。

しかし、彼は、本当の『楽天家』であり、失敗も、まわりの批判も、まったく気にしなかったらしい。

たとえ映画でいい作品が作れなくても『この次は、かならずうまくいくよ』と仲間を励ましたそうだ。新しいスタジオをつくるときも、父親の『会社がつぶれたらどうするんだい？』という質問に対して、『もし僕が失敗してもね、父さん、始末は簡単につくと思うよ。ここはなにしろ広いからね。長い廊下に部屋がいっぱいついてさ。だからもし、漫画で失敗して文無しになったら、いつでも病院として売れるよ』（※11）と答えたという。

彼が、何度、失敗しても挑戦し続けたからこそ、我々は、今、『ディズニー』のエンターテインメントを楽しむことができるんだよ」

「知りませんでした、あのウォルト・ディズニーも、失敗しながらも行動し続けて、成功したのですね！」

「さて、せっかくだから、失敗について、もう少し話をしよう。

成功には、たくさんの要因があるが、失敗には、だいたい『3つのパターン』しかないんだよ。

それは、痛い目を見て経験して、はじめてわかるものだけどね」

「なぜ、人は失敗するのでしょう？」

「ハハハハッ！　それは、『人類の大きな謎』でもあるね。これだけ知性があるのに、なぜ人類は、同じような間違いを繰り返しているのか。

『失敗の理由』は、大きく3つに分けられる。

1つ目は『傲慢《ごうまん》さ』だ。

人間は、傲慢（天狗）になって欲を出してしまうと、それが失敗につながる。もっといけると思ったところでやめないと、仕事でも投資でも大失敗してしまうものだ。傲慢な状態になるとね、耳がふさがってしまうんだよ。自分の感情に振り回されて傲慢になって自滅していく人は、実に多い。

成功し続けられる人は、**『過剰なプラスが毒になる』**と知っている人なんだよ。だから『人にほめられた』としたら、その瞬間にこう思うといい。『とてもありがたい。でも、気を引き締めよう』とね。

それぐらい、人間というものは『傲慢になりやすい』ってことなんだよ。謙虚でい続けることが、いかに難しいかってことだよね。

2つ目は、『計画と検証の甘さ』。

『なんとなくうまくいくだろう』というのでうまくいくことは少ない。お金、時間、才能などが十分じゃないのに、見切り発車でスタートする人がいる。たいていの場合、途中でつまずいてしまう。

適当にやっても、犬小屋ぐらいなら建てられるかもしれない。でも、緻密な設計と構造計算もせずに、大きなビルを建てることは不可能だろう。

これも、よく考えれば、すぐにわかることだ。


3つ目は、『人間関係』。


多くの失敗の裏には、人間関係がある。特に、『コミュニケーションが不十分なとき』に、人間関係のトラブルに見舞われるのだよ。『ちょっとした行き違い』がきっかけになって、取り返しのつかない事態に発展することもよくある。なかでも、もっともみじめなのは、『男女関係の失敗』だろうね。

お金は、また稼げばなんとか挽回できる。仕事も同じだ。でも、人間関係、特に『男女関係の失敗』は、長くその人を苦しめる。

『男女関係の失敗』や家族との不和は、人間のエネルギーを、とてつもなく奪うものなんだよ。

別れてしばらくして、自分のハートから血が流れていたことに、はじめて気づいたりする。愛する人との関係がダメになると、人生全体が崩れてしまうんだ」

「……！！」

あぁ、まさしく、僕のことだ。

ソムチャイさんの話を聞いた瞬間に、「絵美《エミ》にふられたショックも、かなり大きいんだ」ということに、今、気がついた。

この話は、僕だけではない。父であり、おじいちゃんの話でもある。

パートナーとの関係は、やっぱり、「しっかりと向き合わないとダメ」だということが、これでよくわかった。ハートに、矢が刺さったような痛みが走った。

そんな僕の状態を気にすることなく、ソムチャイさんは続けた。

「いいかい、ケイ。**『男女関係の失敗』はね、立ち直るにも、時間がかかるんだよ。**いちばん問題なのは、以前の関係が心の中で完全に清算されていないのに、また次の関係に行こうとしてしまうことだね。

付き合っている人は、目の前の1人だったとしても、前に付き合っていた人が頭の中で邪魔をする。

人間のよくないクセに、『比較』というのがある。『つい前の人と比較してしまう』んだよ。そして、不満を感じてしまう。結局、今の関係に意識が集中できない。過去が清算されていないせいで、新しい関係もダメになってしまうんだ」

僕は、「ハッ！」とした。絵美のこともまだ未処理なのに、すでに、チェンマイ美人のノイのことが気になっているという、まさに、僕そのものではないか！

ハァ〜と、ため息が出た。

ぼくのため息を勘違いしたソムチャイさんは続けた。

「ハハハハッ！　失敗の話ばかりをしたから、ちょっと暗くなってしまったかな…。でもね、ケイ、本当に大切なことは、

『失敗から学べば、もっと成長できる』


ということだよ。

転んだら、また立ち上がればいい。

お金を失ったら、また稼げばいい。

愛を失っても、また愛を見つければいいんだよ。

ケイ、キミなら、できるよ」

「あ…、ありがとうございます、ソムチャイさん…」

僕は、それしか言えなかった。いろいろ言ってもらえたのはうれしかったが、心は重かった。失敗のこともそうだが、特に、「男女関係」のことが…。

＊

その晩、落ち込みながらも、頭を切り替えて、起死回生のプランを考えることにした。**「成功するための唯一の方法が、失敗しても挑戦し続けること」**という言葉を胸に。

さぁ、一度は派手に転んでしまったけど、ここから挽回するぞ〜。

次の日、チェンマイに来ている旅行者や、チェンマイ在住のオシャレな人にも来てもらえるように、「どんなレストランに行きたいか？」を聞いてまわった。

そうした聞き取り調査の結果は、ごく当たり前のことだった。みんな同じ答えで、「シンプルで、安くて、おいしいイタリア料理を食べたい」というものだ。

そこで、白い紙を前に、ウンウン唸って宣伝のコピーを考えた。

「トムヤムクンもいいけれど、ピザ、パスタで一息つきたくなった、あなたへ」

というキャッチコピーを考えついた。チラシについている「クーポン券」持参の人には、「ピザ半額サービス」。そして、チラシ持参で、かつ、4人以上の団体さんには「最初のドリンク1杯無料」。

再びチラシをたくさん刷って、外国人がよく泊まるホテルに置いてもらった。同じチラシを英語でも作り、お寺などの観光地でウロウロしているバックパッカーたちにも配りまくった。店のシフトが終わると、「ナイトマーケット(夜市)」に出向いて、レストランの名前を連呼しながら、チラシを配りまくった。

翌日の朝、疲れた体を引きずるようにして、お店に出た。

すると、11時の開店前なのに、チラシを握りしめたバックパッカー、上品な年配の日本、中国、アメリカ、ヨーロッパからの観光客が、店の前に押し寄せていた!

みんな、「タイ料理は好きなんだけど、ちょっと胃が疲れたので、ピザやパスタがありがたいなぁ」と口をそろえて言っていた。

また、「ピザ、パスタ半額」にひかれた若者も、たくさん来てくれた。

そう、今度は僕が「読んだとおり」だったのだ。

当たるとうれしい。


今回は、仮説と検証をバッチリ重ねた。そして、**何より「お客さんのことを想像しながらプランした」ので、成功したのだろう。**

また、「スタンプカード」を作ったおかげで、リピートしてくれる人が増えた。毎回スタンプを押すことにして、5個でピザ1枚とフリー・ドリンクをプレゼントした。これが、チェンマイの長期滞在の外国人にウケた。

「成功するビジネスは、リピートによって成り立っている」らしい。

何度も来てくれるお客さんには、大幅に割引しても、十分ペイする。そして、何より、常連客の彼らが、店の活気を作り、新しいお客を連れてきてくれる。

数日もすると、店の前の行列は、どんどん長くなっていった。不思議なもので、店の前の長い行列が、さらなる新規客を呼び込むサイクルに入った。

「成功が、さらなる成功を呼ぶ」というのは、こういうことなんだなぁ。


どんなことをやるにしても、何度か失敗しないとうまくいかないし、やり続けないと、結果も出ないのだということを痛感した。将来、僕はどんな仕事をするのかわからないけど、今回の体験をよく覚えておこう。

「決断して行動すれば、かなう」んだ！ 僕は、心の中で何度もガッツポーズをした。

＊

その週末、僕は肩で風を切るようにして、ソムチャイさんのところへ向かった。

ところが、ランチが始まっても、前回と一緒で世間話ばかりが続き、なかなか本題にならない。前回と同じように、僕はじらされた。

デザートの頃には、ついに待ちきれなくなってしまった僕が、切り出した。

「あの…、今週のお店の盛り上がりについて、何か聞いていますか？」

僕は、ご主人様にほめられるために、ボールをくわえて持ってきた、物欲しそうなワンちゃんのようだったに違いない。

「ほめられたい！」「認められたい！」オーラが全身に出ていたはずだ。

「フフフッ、キミは、何か勘違いしていないかね？」

そう言うと、ソムチャイさんは、僕の顔をじっと見た。

「たしかに、アイデアを出したのはキミかもしれない。

でも、**この成功は、大部分が他の人によって支えられたんだよ**。来てくれたお客さんはもちろんのこと、たくさんのホテルも協力してくれたそうじゃないか。

店のスタッフも、一生懸命にやってくれただろう。今のキミは、すべてを、自分の手柄だと思っている。それは、まったくのカン違いなのだよ」

あれぇ!? 僕は、ほめてもらえないわけ？

想像していたのと、逆な方向に話が進んでいることに、僕は戸惑っていた。

父親に1回もほめられたことがない僕は、「認められたい願望」が人一倍強い。

僕は抗議したい気持ちを抑えきれず、思わず文句を言ってしまった。


「え…、先週は失敗を表彰してくれたじゃないですか？ 今週は、あんなところからよく挽回した、偉いなぁって、ほめてもらえると期待してたんですけど…」

「ハハハッ、キミは、大きなカン違いをしているようだね。キミのアイデアのおかげで、お店が繁盛したのは間違いない。でも、忙しくなりすぎた。

それを嫌って、2人もアルバイトが辞めたと聞いている。新しい人を雇うのが難しいことをキミは知らないだろう。日本と違って、忙しい店は、タイでは嫌われるのだよ。ハハハッ。考えてもみなかっただろう？」

「はぁ？ 忙しいから辞める？ なんでですか？ 僕にはわかりません。『忙しくて、やったぜ！　自分たちのお店がうまくいってうれしい！』と思わないのかな。そんな店に勤められて、誇らしいと思うのが普通でしょう。それに、忙しいからこそ、みんなでサポートし合うのが、仕事じゃないんですか？」

そう言っているそばから、自分に対して、「どこの国の常識だよ、それは？　ここはタイだよ！」という、つっこみが、頭の中で入っていた。

驚きとイライラで、僕は完全に混乱していた。これは、なんという想定外！

僕は、お店に貢献したことを評価されるに違いない、と思い込んでいた。

しかし、たくさんのお客さんを呼び込みすぎたことで、**「もともとあった大切なもの」を壊した可能性もある**のか…。

そんなこと、考えたこともなかったなぁ。

動揺している僕の気持ちを察してか、ソムチャイさんがやさしく言ってくれた。

「ハハハハッ。どうやら、気がついたようだね。うまくいったと思うことが、逆の効果を一緒に連れてきてしまうのは、実に、よくあることなんだ。**『失敗の中に成功あり、成功の中に失敗あり』だ**。覚えておくことだね。まぁ、あまり落ち込まないことだよ」

「いや、あまりにもびっくりで、言葉が出ません…」

「言っただろう？　人生で大きな失敗への近道は、『傲慢さ』だよ。いつもそれが人生の落とし穴を掘ることになるんだ。気をつけるようにね。『傲慢さ』というのはね、自分を見失うことから始まる。そのことをしっかり覚えてもらいたいために、今日は、メダルはナシだ。残念だったなぁ。ハハハハッ」

そう言うと、ソムチャイさんは、とても楽しそうに大声で笑った。

ソムチャイさんぐらいの大成功者になると、「失敗＝楽しいこと」というぐらいの感覚になるのだろうな…。

僕はこのとき、きっとお預けを食ったワンちゃんのような顔をしていたに違いない。がっかりして、体中の力が抜けるようだった。

でも、同時に「とっても大切なもの」を学び取った充実感も感じていた。

その晩は、ひさしぶりに、ソムチャイさんの家に泊まらせてもらうことにした。

転んでもタダで起きるつもりはない。

心機一転。ここから、また巻き返すぞ〜。

＊

それから、僕なりに、一生懸命、「何が、本当の成功か？」を考えた。

前回のプロジェクトでは、「売上を上げること」に専念した。**僕はそれが成功だと思っていたけど、「関係者全員が幸せになるという視点」が欠けていた。**

お店の売上だけでなく、関係者全員が幸せで豊かになって、はじめて成功と言えるんだろうなぁ…。よし、できることからやってみよう！

いろいろ考えた末、まずは、お店を辞めた仲間を連れ戻すことにした。タイ語ができないので、通訳をノイにお願いした。これは、我ながらいい作戦だ。

彼女と会う口実もできたし、そのことによって、心がワクワクしてきた。

何をするにせよ「ワクワクすることをする」という感覚は、大切だ。

辞めた仲間も、最初は、「忙しいお店は好きじゃないよ～」と言っていたのに、「キミがいないとダメなんだよ。一緒に楽しいことをやろうよ！」と僕があまりにも熱心に誘うのと、ノイに可愛くお願いされたので、「じゃぁ、もう少しだけやってみようかなぁ…」と、戻ることを約束してくれた。

それから、店長に頼み込んで、売上の一部をみんなにボーナスとして、お金か休暇のどちらかの形で還元することを約束してもらった。

シフトをやりくりして、休憩時間を増やした。

そういった「新しい動き」のおかげか、みんな、これまで以上に楽しく働いているように見えた。店にも活気が出てきて、それに合わせて売上も自然に上がってきた。

スタッフ全員が、「この店で一緒に働けることを誇らしい」と思えるようになったのだとしたら、僕もとってもうれしい。

＊

次の週末、また、ソムチャイさんとのランチがあった。

途中、世間話が続き、また、僕は、じらされることになったが、それにも慣れた。ちょうどデザートが運ばれてくる頃、ようやく待ちかねた言葉が来た。

「ケイ。よくやったね。店長から聞いているよ。店のスタッフが戻ってきただけでなく、友達や兄弟までお店のスタッフとして連れてきてくれたんだって？　それは、素晴らしい。いい店になったという証拠だね。

キミは、『売上を上げることより、もっと大切なもの』を学んだようだ。

『仕事の喜びとはね、まわりの人を巻き込みながら、関係者全員を幸せに豊かにする

こと』だよ。関係者とは、仕事仲間、お客さん、取引先など、関わる人々全員だ。

そういうポイントを押さえていれば、キミは何をやっても成功できるだろうね。

『自分が存在したことで、この世界が少しよくなった』という実感が持てれば、自然とそれが幸せにつながっていく。『誰かの幸せ、豊かさに貢献できた』と感じられると、それだけで、深い充足感と幸せを得られるんだ。

それが『人間の器』を大きくしていくことにつながっていく。

もう何十年も前になるが、タイゾウから教えてもらったことがある。日本語では『働く』という言葉に、『はた（まわりの人）を、らく（楽）にする』という意味があると。

私は、それは、本当に素晴らしいと思った。つまるところ、

『人生の目的はね、自分を差し出すことで、人に喜んでもらうこと』

につきる。

それさえできれば、何もなくても、幸せになれる。自分の労力も才能もケチったらダメだよ。『自分が持っているものを、すべて捧げる』ような気持ちで仕事をしてごらん。そうすれば、どんなことをやっても、どこにいても、キミは絶対に成功する。みんなに愛され、尊敬されること、間違いなしなんだよ」

「はい…」

僕の年齢で、こういったことを教えてもらえるラッキーな人は、いったい、どれくらいいるんだろう。全身を「耳」にして、彼の言葉を一言も聞き逃さないようにしていた。

「おめでとう。この短期間に、キミは多くを学んだし、店のスタッフに、仕事の喜びを与えてくれた。心からお礼を言うよ。本当にありがとう。

それにしても、さすが、タイゾウの孫だ。**こんなに短期間で、自分の頭で考えて行動を起こし、失敗を乗り越えて成功し、深い学びを得た若者はいない。**本当に、心からキミのことが誇らしいよ。今日からは、僕の孫でもある。キミには、そう思ってほしい。ケイ、本当によくやった！」

その言葉に、ジーンときた。心に響く言葉というのは、こういうのを言うのだろう。この数週間、死ぬ気でやったので、「自分の行動が、関係者全員の幸せに貢献できたこと」が、何よりもうれしかった。

おじいちゃん、やったよ！

東京から始まって、小樽《おたる》、京都、神戸、バンコク、チェンマイと旅をした、この数ケ月の苦労が、一瞬で吹き飛んだ感じがした。

感激している僕の手を、ソムチャイさんは、がっしりと握ってくれた。

ソムチャイさんも、心から喜んでくれている。

この瞬間を忘れないようにしよう。

＊

食後のお茶と、フルーツの盛り合わせが運ばれて来て、僕たちは、ソファーに移った。それまで笑顔だったソムチャイさんが、ちょっと真顔になった。

「ところで、ケイ…、キミは、チェンマイのレストランでタダ働きするために、旅に出たわけではないだろう。そろそろ、次のステップに進むときだね」

「はい…、実は、僕も、そのことを考えていました」

「**大切なのは、普段から『次のステップは、何か？』を考えておくことだよ**。多くの人はね、『次のステップが何かが、わからない』という理由で、今の場所にとどまってしまっている。なんとも、もったいないことだね。

いつも次のステップを考えていないとね、向こうからは、姿を現してくれないんだよ。『偶然という名のチャンス』がやってきても、それに気づくことができないというわけだ」

「そうなんですね。僕は、このまますぐに日本に帰る気もしないし、もう少し海外をまわろうかと考えています。でも、まったく手がかりがありません。どうやって決めたらいいのでしょうか？」

「キミは、普段、何かを決めるとき、どうやって決めているのかな？」

「はい、『偶然や直感』を頼りにして、ここまで、やってきました」

「それは非常に素晴らしいね。成功している人は、みんな『直感』を使っている。店をどこに出すか、取引先を決めるとき、人を雇うとき…、いろいろなデータも読み込むが、最後は『すべて直感』だ。

いよいよ、直感を使って、次のステップを決めるときが来たようだね。物事をシンプルにするために、私の方で、キミに『2つの選択肢』を用意した。もちろん、**どちらかを取ることもできるし、両方とも選ばないのもアリだ**。どうかな？」

「お任せします」

「では、2つの国のうち、どちらに行くかを決めてもらおう。それ次第で、学びも違うし、キミの今後の人生は、大きく違った種類のものになることだろう。

さて、キミには、2つの選択肢がある。

1つは、資本主義の中心地、アメリカの『ニューヨーク』。

もう1つは、世界一幸せな国とも言われる『ブータン』だ。

私のニューヨークの実業家の友人と会うか、それとも、ブータンにいる友人に会いに行くかを、キミの『直感』で決めてもらいたい」

「わかりました」

僕は、大きく深呼吸した。

以前、小樽の猿田《サルタ》さんから教わったように、自分の心を静かにしていった。

イメージの中で、自分の心の深いところに降りていき、いちばん深くにある「自分の心の部屋」に入った…。

そして、さきほどもらった「アメリカ」と「ブータン」のイメージを見た。

まず、右に「アメリカ」のイメージ。

「USA」というアルファベットが、躍っている。しばらくして、クルッと文字の順番が入れ替わり、「Are U Sure?（Are you sure?）」という言葉になった。

日本語で「それで、いいのか？」という意味だ。


そして、次に「ブータン」のイメージ。すると、猿と人間とゾウが、輪になって、踊っている。なんだか、楽しそうだ。

平和な感じがして、フッと心が軽くなり、深いところでしっくりきた。

そして、背筋が、ゾクゾクッとした。それは、決してイヤな感じでなく、ワクワクする感じだ。何度か深呼吸をして、ゆっくり目を開けた。

僕の答えは、決まった。


よし、「ブータン」に行こう。

今はわからなくても、「直感」がそこに向かわせるということは、ブータンには、何か「僕の人生にとって必要なもの」があるはずだ。

心は不思議に落ち着いている。「決める」とこうなるのか。

これからも、自分の直感を信じて進もう。

「決めました。僕はブータンに行きます」

そうソムチャイさんに伝えると、彼は満面の笑みを浮かべながら言った。

「素晴らしい！　私も、キミがブータンを選ぶと思ったよ。では、早速、ブータンにいる友人のプルパに手紙を書いておこう。プルパは、若い頃のタイゾウのこともよく知っている。彼らは、お互いにとって、いちばんの親友だったからね。彼に昔のことを聞くといい。

ブータンへの飛行機やビザなどの手配も、こちらで、すべてやっておくよ。これは、ずっとがんばってくれたキミへの、私からのささやかなプレゼントだ」

「ありがとうございます。なんとお礼を言っていいかわかりません」

「日本の孫にしてあげられることがあって、私は幸せだよ」

そう言うと、彼は僕のことをギュッと、抱きしめてくれた。

本当のおじいちゃんに抱きしめられているようで、とっても温かかった。

その晩は、「ゲストハウス」に帰ることにした。

ブータン行きのインパクトを、もっと1人で感じてみたかったからだ。

＊

いよいよブータンに行く前日の夜、チェンマイの仲間が集まって、「お別れパーティー」を開いてくれた。

彼らは、もうすでに僕にとって、とても大切な友人になっている。

京都の徳山《トクヤマ》さんが言っていた「一期一会《いちごいちえ》」というのは、こういうことだ。

「偶然と直感を追いかけて決断し、行動する。それをきっかけとして起こってくる、人との出会いを大切にする」

おじいちゃんは、こういうことを、ずっと実践していたんだ…。行き来が簡単でなかった60年以上も前なら、なおさら「行動力」が必要だったはずだ。

マイクとアンが、楽しそうに話している。彼は、しばらく彼女と一緒に暮らしてみると言っていた。こちらで英語の先生をやってみるらしい。

なんだか、とてもうれしい。２人の前途を祝福したい。

「お別れパーティー」が盛り上がる中、僕は、「どうしてもノイと話さなければいけない」と焦っていた。パーティーの間中、僕の視線は、ずっと彼女を追いかけていた。

でも、なかなか話しかけるきっかけが見つからなかった…。

そして、話しかけても、何を言っていいのかすら、僕にはわからなかった。

ようやく、タイミングを見つけて、ノイを外のテラスへ連れ出した。

彼女は、少し悲しそうな顔をしていた。

それを見て、僕の胸もキュンとなった。できたら、マイクたちのように、ずっとノイと一緒にいたい。でも、僕には、「ブータン行きのプロジェクト」がある。いっそ、「旅」のことを忘れて、マイクのように、チェンマイにしばらく住んでしまおうかと思ったこともある。だが、それはできない。

僕は、「本当の人生を見つけるために旅に出た」のだから。

いろいろ言うことを考えてきたのに、実際に彼女を目の前にすると、なんと言葉をかけていいか、わからない…。

ようやく言葉を絞り出そうとしたとき、彼女の方が話し出した。


「明日、ケイは行ってしまうのね…」

「そうだね、ノイ。とうとう明日になっちゃったね」

「もう、これで会えないのね。私たち…」

「そんなことはないよ。マイクの結婚式には帰ってくるし…」

「でも、2人は結婚しないかもよ。だったら会えないわ」

「そんなさみしいことを言っちゃダメだよ」

「そんなこと言ったって、私、もう十分さみしいんだから…。ケイ、私のこと、本当は、どう思っているの？」

「どうって、とても大事に思っているよ…」


僕は、よく聞かれるのに、この質問の「答え」を知らない…。

どう答えたらいいんだろう…。何が正解なのか、僕の方が知りたい。

大切だけど、愛ではない感じもする。では、好きじゃないかというと、好きだと思う。でも、そんなことを言ったら、責任が…。まだ、絵美のこともあるし…。

ああ、僕は何をやっているんだ…。

いろいろ考えていると、ノイが僕の手をつかんで、涙目で言った。

「私は、あなたのことが、とても好きよ。やさしいし、本当に素晴らしい男性だと思う。あなたみたいなタイプの人に会ったことがないわ」

「僕だって、キミに対してそう感じているよ。きれいだし、性格もいいし、愛でいっぱいだし、キミからは、『人を大切にする』ということを教えてもらった」

「そうなの？？ まっすぐに見てくれないので、私のことが嫌いなのかと思ってたわ。私と一緒にいると、ぎこちない感じだったし…」

「いや、決してそんなことはないよ。正直に言うと、その逆だよ。恥ずかしくて、じっと見られなかったんだ。本当はキミのためなら、マイクみたいにタイに住んでもいいと思うぐらいなんだ…」

自分の口から情熱的な言葉が出たことに、僕自身がびっくりした。

彼女も、僕の言葉に驚いた表情だった。

「本当に⁉ その言葉が聞けただけでも、うれしいわ。でも、私たちに未来はないと思うの。女の子には『直感的』にわかるのよ。一緒にはなれない『運命』だって。

あなたは、まだ旅をしなくちゃいけないことを私はわかっているわ。短い間だったけど、あなたと会えて、とても楽しかった。ありがとう。あなたは、自分で気づいていないかもしれないけど、本当に素敵な人よ…」


いろいろ気の利いたことを言おうとしたけど、結局、何も言えなかった。

彼女の目から、大粒の涙がこぼれた。


「ケイ…、最後に、ハグしてもらってもいい？」

そう言うと、ノイはギュッと抱きついてきた。僕が抱きとめると、ノイは、僕の腕の中で、ただ静かに泣いていた。

僕は、突っ立ったまま、ただ彼女の温もりを感じているだけだった。

このまますべてが終わるのが、なんともさみしかった。


夜空を見上げると、満天の星が、日本の何倍もきれいに輝いていた…。

＊

タイのバンコクからブータンまでは、インドのコルカタ経由で、3時間しかかからない。日本から見ると遠い感じがするが、バンコクを中心に見てみると、すべての都市がとても近いことに気づく。アジアのビジネスマンは、日本人が新幹線に乗るような感覚で飛行機に乗り、アジア各国を飛びまわっているのだ。

インド経由ということもあってか、飛行機の中はインド人が多かった。アジアのすべての都市に、インド人はたくさんいる。それは、バンコク、クアラルンプール、シンガポールでも同じだ。

そういうことは、現地をウロウロしないと、なかなかわからないものだ。

隣に座っていたスーツを着たビジネスマン風のインド人が、話しかけてきた。ブータンには毎月行くそうで、電化製品を輸出する会社の人らしい。

そこで、彼にブータンのことを聞いてみた。

「ブータンって、国民の幸福度が世界一の国だと聞いているんですが、そういう感じはしますか？」

「そう聞くけどね、街を歩いているかぎりでは、特別にそんな感じはしないなぁ。みんな普通に暮らしているよ。ブータンは裕福な国ではないけど、みんな仲が良くてね。昔のインドもあんな感じだったなぁ」

そうか、たしかに「幸せ」というのは、外から見ただけじゃ、わからないものかもなぁ。早くブータンを見てみたい、現地の人と話してみたいものだ。

飛行機に乗っている時間は3時間。

「今だ！」という感覚と共に、おじいちゃんの手紙を開けることにした。**不思議なことに、これまで、いつも「現実で起きていること」と「手紙のテーマ」がつながって**

いる。こういうのが「シンクロニシティー（偶然の一致）」なのだろうが、だいぶ慣れてきた。

ひさしぶりに「手紙」が読めると思うと、とてもワクワクした。

第8の手紙：【人間関係】

Relationships

第8の手紙：【人間関係】

「人間関係」は、すべての要《かなめ》だ。

本当の幸せは、「人間関係で得られる幸せ」にほかならない。

どんなにお金を得ようとも、どんなに権力を得ようとも、人間は幸せになれない。人間関係が良くなければ、「まったく不幸」としか言いようがないと、私は思う。

仕事で成功したり、お金持ちになっただけでは、人は幸せになれない。

たとえ大豪邸に住んでいても、家族や友人が誰もいなくて1人ぼっちなら、さみしいだけだ。

お金があまりなくても、仲のいい大家族と一緒に暮らしていて、たくさんの友人に囲まれている人の方が、はるかに幸せではないだろうか。

心が満たされて幸せに生きるためには、「いい人間関係」が不可欠だ。
いい人間関係からは、エネルギーをもらえるし、毎日にやりがいも出てくる。
逆に、人間関係がうまくいかなければ、すべてが砂を噛むようになってしまう。
いいかい？「大富豪」と呼ばれるまでの多くのお金を持ってわかったことはね…。

結局は「人は、お金や社会的地位では、幸せになれない」ってことなんだよ。

なぜかと言うとね、お金や仕事をうまくいかせることで得られる喜びは、「一時的な興奮」でしかないし、永続的なものではない。
「誰かと心からつながったと感じるときにしか、人は幸せを感じられないようになっている」んだよ。

ハーバード大学が行った中で、最も長期間の研究がある。724人の男性に対して「人生を幸せにするのは何？」をテーマに、75年間にわたって研究した結果は、

「良い人間関係につきる」

というものだったんだよ(※12)。それだけ、人間関係が、幸せのカギだということだ。

キミは、第16代アメリカ合衆国大統領であるリンカーンを知っているよね。

アメリカ国民に、もっとも愛された大統領とも言われている人物だ。

リンカーンは「人間関係」にとても優れた人物だったんだ。ミスを犯した将軍に対しても、最初にほめてから「本題の注意」に入ったり、同じく、ミスをした別の将軍には「怒りをつづった手紙」を書いた後、それを机の中にしまって投函しなかったりもしたんだ。この逸話は、「リンカーンの送られなかった手紙」として有名だ。

また、リンカーンは、「こちらに五分の理しかない場合には、どんなに重大なことでも、相手にゆずるべきだ。百パーセントこちらが正しいと思われる場合でも、小さいことならゆずったほうがいい」「もし相手を自分の意見に賛成させたければ、まず諸君が彼の味方だとわからせることだ」(※13)などの名言を残している。

彼は**「いい人間関係なしには、何事もうまくいかない」**ということを知っていたのだと思うね。

さて、「仕事上の人間関係」に話を移そうか。「仕事上の人間関係」は、ある意味ではとても簡単だとも言える。

「相手が喜ぶことをやればいいだけ」だからだ。

相手を儲けさせてあげたり、有利な条件をあげるだけで喜ばれる。

「相手を喜ばせることが、ビジネス上での人間関係のカギだ」ということを覚えておいてほしい。

相手が困っているときには、手をさしのべ、利益を与えてあげること。

たった、それだけで、仕事上の人間関係は、ばっちりだ。


では、「プライベートの人間関係」についても話しておこう。

私は、孤児として育ったので、子どもの頃は、本当に人間が怖かった。

でも、素晴らしい人たちに出会ったおかげで、少しずつ人間が好きになったし、人と一緒にいても安心できるようになった。親友と呼べる人たちもできたし、努力した結果、人間関係も楽しめるようになった。

妻とは、深い信頼関係で結ばれていたと思う。でも、もともと孤児だったせいか、親子関係がわからなかったし、「息子との親密な関係」は、どうも苦手だった。

「仕事上の人間関係」と比べると、「家族との人間関係」の方が難しかった。

同じ屋根の下で暮らせば、必ず「ネガティブな感情」が出る。それも、ちょっとだけではなく、時には暴力的と言ってもいいほどのネガティブな感情が出るのが耐えられなかった。

特に若いときには、仕事でイライラしたとき、息子の徹《トオル》には、厳しいことを言って、辛くあたってしまった。そのためにキミの父親とは、思春期以降、うまく「つながれない」ままになってしまった。

私は、「ネガティブな感情」が苦手でね。家族の中で、怒りの感情や、不満の感情が湧き出てくると、どうしても黙ってしまうクセがある。

それは、何を言っていいのかがわからないからなのに、相手はそれを「大切にしてもらえない」と思うらしい。

だから、息子の徹に近づくのを遠慮してしまったし、その結果、孫のキミたちに会いに行くことも、躊躇《ちゅうちょ》してしまった。

今から考えると、「自分には、まだまだ時間がある」と油断していたんだね。

そのうち、なんとかしようとは思っていたのに、時間切れになってしまった…。

それは、私の大きな後悔の1つだ。

私自身、もっと、自分と向き合うべきだった。「自分の過去を癒す」ことが必要だったのに、絶望感に向き合うのが怖くて、ごまかしてしまっていたんだ。

自分ができなかったのに、キミに言うのは心苦しいが、キミには、ちゃんと自分と向き合ってほしい。そうしないと、「人生で本当に大切なもの」を逃してしまうよ。

「家族との人間関係」に関しては、ぜひ、いい先生を探すといい。

キミは、誰からも好かれる性格だから、きっと大丈夫だよ。

「人を好きになってもらいたい。そして、人に好かれる人になってほしい」

それが、私の願いだ。

素敵な人間関係に恵まれることを、心から願っているよ。

手紙を封筒にしまうと、胸がギュッと締め付けられる思いがした。

そうか、「人間は、誰しも完全ではない」ということか…。

おじいちゃんが、そんなコンプレックスを持っていたとは、知らなかった。

いつも堂々としていて、そんな風には全然見えなかった。僕が子どもだったこともあるだろうが、家族との人間関係に自信がなかったなんて、想像もしていなかった。


今から思えば、僕ができたこともあったはずだ。孫として、「おじいちゃんのことを尊敬している」ぐらいのことを伝えることはできたのに…。孫からそんな言葉が聞けたら、おじいちゃんはさぞかし喜んでくれただろうに…。

そのことを考えると、なんとも言えない気分になった。ふと窓の外を見ると、頂上が雪で真っ白な「ヒマラヤ山脈」が、遠くに見えてきた。もうチベットは、すぐ目と鼻の先なのだ。

はじめて見る「ヒマラヤ山脈」の荘厳な姿に触れて、意識が現実に戻って来た。さぁ、いよいよブータンだ。

＊

ブータンの空の玄関口である「パロ空港」は、山と山の谷間にあり、パイロットは、その谷間を目がけて、相当、緊張感を持って着陸にのぞむらしい。危険なので、夜間の「離着陸」が禁止されているそうだ。

窓際から見ていると、「ああ、ぶつかる！」と、思わず叫びそうな谷間を飛んで行く。僕たちの乗った飛行機は、山の中に吸い込まれるように、空港に着陸した。

飛行機を降りてみると、そこは、今までで、もっとも小さくてかわいらしい空港だった。空港と言うよりも、「原っぱに小屋が建っている」と言った方が、近いかもしれない。

タラップを降りて、建物まで歩いて行くと、そこには、なんともゆるい空気が漂う税関があった。

税関の職員も穏やかな感じで、みんな歓迎ムードだ。他の国のように、銃を構えた警察官もいないし、イヤイヤ仕事をやっている感じもあまりない。

僕のパスポートをチェックすると、民族衣装を着た政府の職員が、「ブータンへようこそ！」とニコッと笑顔を見せてくれた。

営業スマイルではなく、ちょっと、はにかみながらだが、心からの言葉と笑顔に、ドキッとした。

税関などの職員から、こんなに本物の言葉をもらったのは、はじめてだ。

税関を抜けると、ガイドと運転手が迎えに来てくれた。

ブータンでは、国が認可した旅行会社を通して手続きをしないと「ビザ」が下りず、個人が好き勝手に旅行できないようになっている。ソムチャイさんがすべての手続きを事前にやってくれ、プルパさんに連絡を入れてくれたおかげで、スムーズに会えそうだ。

手始めに、ガイドさんに観光名所に連れて行ってもらった。…といっても、あるのは昔のお寺ぐらいで、名所旧跡がいっぱいあるわけではない。

ガイドさんが、何かあるごとに、「王様の話」をするのが印象的だった。穏やかな話し方をする人で、民族衣装もあってか、どこかお坊さんのようだった。

観光名所をいくつか巡った後、指定された住所に連れて行ってもらった。そこは「農業研究所」のような場所だった。

プルパさんは、昔この研究所で所長をやっていたそうだ。リタイヤしてからは、ずっと顧問として関わっているらしい。

研究所の建物から、民族衣装をまとった男性が、満面の笑みを浮かべて出てきた。

プルパさんは、とても80代には見えない、若々しさと、あふれるエネルギーに満ちた人だった。

「泰《タイ》三《ソウ》の孫のケイです、日本からやってきました。プルパさんに会いに、そして、幸せの国ブータンを見たくて！」

と自己紹介すると、

「おお、キミがケイか！　ソムチャイが言っていたように、若い頃のタイゾウに本当によく似ているなぁ！」と言って、満面の笑みで握手してくれた。

「『幸せの国』へようこそ。ブータンを訪れる多くの人が、そのことを口にするね。**滞在するうちに、幸せという言葉の意味が、キミの中できっと変わるだろう**」

なんか、意味深な言葉…。

インドなまりの英語を話すプルパさんは、タイのソムチャイさんと同じように、インドで教育を受けたのだろう。

彼がブータンから、インドのコルカタに留学したときに、祖父と知り合ったと、ソムチャイさんから聞いていた。

プルパさんの計らいで、僕は研究所の交換留学生のような立場で、ブータンに滞在させてもらえることになった。そして、僕は、研修生として、「農業研究チーム」に特別枠で入れてもらった。

本来、外国人の旅行者は、そういうことはできないそうだが、国のトップクラスとも近い彼のこと、何か「特殊なルート」があるのだろう…。

そこには、僕と同じぐらいの年齢の研究者の卵がいた。
名前は、ジャンペルと、ラモ。
ジャンペルも、ラモも、ブータンの大学生。こっちでは、エリートらしい。
将来は、海外に留学したいという。

ジャンペルは、すきっとした顔立ちの青年で、ラモは、伝統的なブータン女性のかわいらしい顔立ちをしていた。お化粧をしていないせいで、ずいぶんと若く見えた。２人とも童顔なので、まるで研究所に見学に来た中学生のように見えた。

僕たちは、ランチや休憩時間に、いろいろおしゃべりした。

若い男女でとりとめのない話をするのはチェンマイと同じだ。楽しいひとときではあるが、時々、ノイのことを思い出して、チクリと心が痛くなった。なんとも言えない悲しみを感じながらも、新しい環境を楽しんでいる僕もいた。

ちょっとしたときに聞く彼らのコメントは、とても興味深かった。

ラモは、女性で結婚が遅れることが気がかりだけど、世界を見てみたいと言う。ブータンでは、20代前半で結婚、出産することも多いので、20代での留学は、女性なら、ちょっと躊躇するらしい。

＊

1週間ほど滞在して気づいたことがある。「ブータンは、世界でもっとも幸せな国だ」と聞いていたわりには、僕が見る限り、そんな感じはあんまりしなかった。

街を歩いていても、みんながスキップしているわけでもない。満面の笑みで挨拶されるということもない。道ですれ違うとき、こちらが外国人とわかったら、子どもたちは、恥ずかしそうにパッと隠れるぐらいだ。

要するに、「すごくハッピー！」というテンションの高い幸せではないのだ。

そこで、「幸せ」について、ジャンペルに聞いてみた。

「僕自身は幸せだと思っています。将来に対する不安はまったくないかな。だって、王様か、親戚、家族、友人が助けてくれるから。住む場所があって、人に役に立つ仕事をしていて、家族がいれば、他に、いったい何がいるというのかな？」

たしかに、ジャンペルの言うとおりなのだが…。僕が見た限りでは、ブータンの人は、ずいぶんと「選択肢の少ない生き方」をしているように見えた。

料理は、どこのお店でも、ほぼ同じようなものしか出てこない。そもそも、外食するような文化が、あまりないのだろう。朝はクロワッサン、昼は寿司、夜はフレンチ…、なんていうことはないのだ。

でも、「それがないからといって不幸でもない」というジャンペルの言葉には、ウソは感じられない。ここにいると、本当にそのとおりだと思う。

結局、**「何が幸せか？　という定義が違う」**のだろう。

＊

ブータン滞在中、晩ご飯の後で、プルパさんと語らう時間は、僕にとっては、憩《いこ》いのひとときだった。ブータンの夜は、驚くほどシーンと静まり返っていて、なんの音も聞こえてこない。

プルパさんは、僕が何か聞くと、いつもニッコリと笑って、やさしい口調で答えてくれた。「幸せ」について僕が聞いたときも、そうだった。

「プルパさん、僕は、人生の幸せについて、ずっと考えてきました。プルパさんの考える『幸せ』とは、どういうものなのでしょうか？」

「あのね、ケイ…、『幸せの定義』がね、ブータンと先進国では、ちょっと違うんだよ。先進国では『いろんなものがないと幸せになれない』とみんなが信じている。いい仕事、大きな家、たくさんのお金、クルマ、洋服、持ち物。また、個人的には、いい容姿、すべすべの肌、スタイリッシュな友達、子どもへのいい教育。

他人より、もっと贅沢をしたいし、豪華な旅行にも行きたい。

それが手に入れば『幸せ』だし、逆に、それが手に入らなければ『不幸』だと信じ

ている。でもね、欲しいものをすべて手に入れられる人が、いったい世の中に、どれくらいいると思う？　ほとんどいないと思うよ。

それなのに、『自分は不幸ではないけど、手に入らないものがあるから、幸せではない』と思ってしまっている…。悲しいことにね。

たとえば、遠くに旅行に行く時間とお金がないので、旅行は日帰りのみ。クルマは、10年前の中古車しか持っていない。

少しでも理想と違うと、不満だらけになってしまう。

だから、不幸になるのは簡単で、幸せになるのが、すごく難しいんだと思う」

「では、なぜブータンの人は、幸せなんでしょうか？」

「いい質問だね。私も海外に留学していた60年前から、ずっと考えてきたことだよ。ブータンは心から国民の幸せを願う『王様』に恵まれているおかげでね、学校教育、医療が、すべて無料で提供されている。何日間、入院しても無料。住む土地も無料でもらえる場合だってあるし、木を組んで土で固めてつくる家は、村の人々が手伝ってくれて、数ヶ月で建ててもらえる。

『仏教』が浸透しているおかげで、『生き物の殺生《せっしょう》』が禁止されているから、道を歩く牛も犬も、魚でさえも、食べられる心配がなく、安心して暮らせるんだ。つまり、未来に対する『不安』がないというのが、ブータンの基本なんだよ」

「不安や不満がないというのは、幸せにとって必要なことなんですね」

「そうだね。それは、大切な要素の1つと言えるだろう。そして、ブータンの人は、一般的に、現状に不安や不満を持つわけでもなく、淡々と同じような日々を平和に過ごしている。入ってくる情報や物も限られているので、過度な物欲や刺激がない。その状態に、国民がとても満足して、幸せを感じているということなんだよ」

「なるほど…」

「幸せとはね、『現状に、どれだけ満足しているか？』ってことだろう？ ブータンの人々の生活は、今の状態に満足しやすいんだと思う。つまり、ブータンで生活していると、『幸せへの道が、非常にシンプルになる』と言えるのだろうね」

う～ん。僕は考え込んだ。この話を先進国の人々が聞いたら、どう思うのだろうか。学校教育、医療、住む家も、無料な代わりに、情報や物・過度な野望や物欲や刺激がない。

淡々と続く同じような日々の連続を先進国の人々が「幸せ」と感じられるだろうか？それを「幸せだ」と答えられる人は、かなりの少数派だろう。それぐらい、今の先進国は「過度な刺激」にしか幸せを感じられないように、社会全体が仕組まれてしまっている。もっと刺激を、もっと刺激を…と。

生活に必要のない洋服、装飾品、刺激的な体験、ゴージャスなライフスタイル。

「足《た》るを知る」を知らず、もっと、もっと、と追い求め続ける。それがゆえに、「幸せ度」が低いのか…。そんな考えにふけっている僕に、プルパさんは続けた。

「つまりね、『ブータンが、世界一幸せな国』だということは、『幸せになるのに、お金や物は必要ないということの証明』でもある。

『幸せはね、獲得したり、つかみ取るものではなく、感じるもの』なんだよ…、ケイ」

そう言うと、プルパさんは、やさしく微笑んだ。

＊

それから数日は、田んぼや畑を見学したり、人々の暮らしぶりを見せてもらったりした。たまに、パロの「街」へ出かけたときは、数軒しかないカフェの1つに入って、たわいもない話をした。

ブータンという国は、メインストリートですら「時が止まった」ように感じられることがある。カフェの中でも、ちょっと会話が途切れると、「シーンと時が止まる」ように感じるのだ。ブータンは「喧騒《けんそう》」という言葉から、かけ離れた国なのだ。

数日後…、プルパさんと散歩する機会ができたので、かねがね聞きたいと思っていたことをぶつけてみた。

「プルパさん、お聞きしたいことがあるんですけど。僕は、これから『いい人間関係』をたくさん築きたいと思っています。ブータンの人は、みんな、とってもいい人間関係を築いているように見えるので、ぜひその秘訣を学びたいです。ここに来てから、人間関係のことで悩んでいる人に、まだ、会ったことがありません。何がいい人間関係のカギなのでしょうか？」

「ケイ。『人間関係でいちばん大切なこと』を話すとね…」

プルパさんは、やさしく微笑みながらも、力強い声のトーンで言った。

「『内面的に満たされている人になる』ということなんだよ」

「え？　それは、どういうことでしょうか？？」

「つまりね、どんな人のところに人が集まり、どんな人のところから人が離れていくかをよく見てみるといいよ」

「はい…」

「ねぇ、ケイ。キミはどんな人と一緒にいたいだろうか。考えてごらん。私はね、『与える人』だと思うよ」

プルパさんは、ニコリと微笑むと、ゆっくりと、語り始めた。

「簡単に言って、人には2種類いる。それはね、『与える人』と『奪う人』だよ。『与えるのが好きな人』のところには人が集まるし、『奪おうとする人』からは、みんな去っていくんだ」

「そう言われれば、たしかにそうですね。過去の自分を振り返ってみても、与えてくれる人とは、もっと一緒にいたいと思います」

「『内面的に満たされている人』は、愛や友情、やさしい言葉をくれる。一緒にいると、自然と心が和むんだよ…。

その人が成功しているとか、お金持ちであるかどうかとは、あまり関係がないんだ。何もなくても、人に与えることはできる。与えられるものは、元気や明るさかもしれないし、安心感や愛情かもしれない。

知識や知恵かもしれないし、場合によっては、お金やプレゼントの場合でもあるかもしれない。いずれにしても『自分を分かち合おうという態度の人』には、自然と人が集まるんだよ」

「なるほど…」

「一方で、『何かを奪おうとする人』のところに、ケイは行きたいと思うかね？」

「いえ、それはイヤですね。仰るように、『与えてくれる人、自分のことを考えてくれる人』に近づきたいと思いますね」

「内面的に満たされていない人は、『尊敬してほしい、こっちを向いてほしい』という渇望感《かつぼうかん》を抱えているんだよ。つまり『他人からの承認』をもらおうとしているんだ」

「そういう人は、一緒にいると、面倒くさいですね。『俺すごいだろ、私って素敵でしょ？』という人は、できたら避けたいです」


「そうやって避けられると、彼らはさらなる飢餓感に襲われることになる。なので、もっと人からもらおう、奪おうとするんだよ」

「うぁ、そういう痛い人にだけは、なりたくないです」

「人間関係はシンプルにできている。自分が『内面的に満たされて、与える人』になればいいんだよ。お金があるならプレゼントをあげるのもいい。お金がなくても、元気や愛情や気づきやチャンスを与えればいい」

「なるほど…」

「ケイ、人間関係を良くするためにできることがあるとすれば、たった1つだ。それが何かわかるかな？」

「え？　わかりません、教えてください…」

プルパさんは、ニッコリと微笑みながら言った。

「**それはね、ケイ、『まず最初に自分から与えること』なんだよ。与えることで自分の内面を満たすことだ。**自分を幸せにすることが、最初の一歩というわけだ。『内面的に満たされている人』になれば、ケイの『人間関係』は素晴らしいものになるよ」

「はい…。でも、自分の中に飢餓感があるとき、与えられない感じもするのですが…」

「そう、そこが人生の分かれ目なんだよ。お腹がペコペコなときに、自分が我慢しても人に与えられる人がいる。その一方で、まわりを押しのけてでも、人から奪おうとする人もいる。この世界にはね、おもしろい法則があるんだよ。『**もらおうとすると、もらえない。でも、与えると、まわりまわって誰かが与えてくれるようにできている』んだよ、しかも、何倍にもなってね…**」

「そうなんですね。でも、難しそうだなぁ。もらいたいときこそ、本当は与えなくちゃいけないんですね」

「もちろん、それは義務ではないよ。『選択の問題』なんだ。でも、『**与えた人が与えられ、与えない人は与えられない**』というのは、興味深いと思わないかい？」

「そうですね。できるかどうかわかりませんが、頭ではわかりました」

プルパさんは、こちらを見ると、ゆっくりと微笑んだ。

＊

田舎にある試験農場から帰ってくるとき、川縁《かわべり》にたくさんの古ぼけた白黒の旗が風にはためいているのを目にした。

気になって、ジャンペルにお願いして、クルマを止めてもらった。

古ぼけた旗が、風に煽られて、パタパタと音を出しているのが幻想的だった。旗には、ブータンの文字がぎっしり書いてあった。

ジャンペルによると、ここはブータン人のお墓だという。

一般のブータンの人は、お墓を持たない。火葬して、その「灰」を思い出の品と一緒に、川に流すらしい。

河原には、墓標のように、たくさんの旗がはためいている。

亡くなった方に思いを馳せるために、目を閉じた。しばらくそこに立って、ブータンの精霊を感じようとした。

すると、自然の力もあってか、亡くなった母のことを思い出した。パタパタと風になびく音を聞いているうちに、自然と涙が流れた。

こらえきれなくなって、しゃがみ込んで泣いてしまった。

ジャンペルとラモは、僕のそばに来て、ただ寄り添ってくれた。

プルパさんの自宅に戻ると、お茶をご馳走になった。

あの感情は、なんだったんだろう？

自分でも、訳がわからなかった。

ちょっと落ち着いてから、「感情」について聞いてみた。


「プルパさん、さっき、僕に何が起きたのでしょう？」

「ずっと抑圧していた悲しみを、キミはようやく解放したんだよ。自然の力もあってね。体から余分な力が抜けただろう？」

「そんな感じがします。プルパさん、僕は自分の『感情』を表に出すのが苦手なんです。それで、家族や付き合っている女性にも、うまく接することができないんです。愛情を表現するのも下手だし、どうすれば、いいのでしょうか？」

「人はね、『感情によって動かされている』んだ。**論理的に考えて行動しているように見えても、実際は、感情によって行動した後、論理的な正当性をムリに当てはめているに過ぎない…**。このことに、まず気づくことが大切なんだよ」

「なるほど…」

「人は、喜び、怒り、悲しみといった感情を感じながら、毎日を生きている。なのに、『感情を表現してはいけない』と、小さい頃から教えられるんだ。泣いちゃダメ、大声を出しちゃダメ、怒っちゃダメだと教育される。その結果、できるだけ感情を表現しない大人が大量生産されるようになったのは、無理もないことだね」

「たしかに、僕は、そうなっていると思います。感情を感じてはいると思うんですけど、なかなか表に出せないんです…」

「そう、感情が出せないというのは、大きな問題なんだ。**人と人とをつなげるものが『感情』だからね**。一緒に喜び、悲しみ、怒ることで、人間関係というものは深まっていくんだ。ケイのこれまでの人生を思い返してみたら、わかると思うよ」

「たしかに…、人間関係って、そうやって深まっていきますね」

「夫婦でも親子でも親友でも…、近くなればなるほど、ネガティブな感情で衝突することが多くなる。家族や親友と、一度もケンカしたことがないなんて、ありえないだろう？　ということは、**『人間関係において、ネガティブな感情が出てくるのは、それだけ関係が深まった証拠でもある』**んだ、わかるかな？」

「そういうことなんですね」

「『感情』自体はね、人を癒したり、苦しめることにも、どちらにも作用するものなんだ。だから、幸せを見つけるなら、感情と上手に向き合うことだよ」

「僕は、ポジティブな感情はまだいいのですが、ネガティブな感情は、どうも苦手なので、そこで黙ってしまうクセがあるんです」

「ハハハッ、それは、みんな同じだよ。でも、お互いのネガティブな感情を出し合えないと、人間関係も深まらない。いつもいい顔をして付き合うより、たまには愚痴を言ったり、ケンカした方が、健康的だと思わないかい？　人は表面的なことではなく、相手の『本音が知りたい』んだ。特に女性はね…」

最後の言葉は、ガ～ンと僕に響いた。それは、僕が神戸に帰ったときに、父さんに言った言葉そのままじゃないか。「父さんの本音が知りたい」と。そして、絵美《エミ》が、まさしく同じ言葉を、僕に繰り返し言っていた…。「ケイの本音が知りたい」と…。

すべてがつながった。僕は、「感情の衝突」を恐れるあまり、「自分の本音とつながっていなかったし、相手とも理解し合っていなかった」んだ。

「プルパさん、でも、ネガティブな感情が、ずっと続いておさまらないときは、どうすればいいのでしょうか？　相手の怒りがおさまらなくて、それがずっと続いたりとかすると…」

「ハハハッ、それはね、『自分が原因かもしれない』と思いながらもね、本当は、どこかで『相手のせいだと思っている』からなんだよ。そうすると、それが相手に伝わって、相手の怒りもおさまらなくなってしまう。

『お互いに対してのネガティブな感情』にちゃんと向き合って、その根本の原因を、深いところで理解し、許せたら、怒りもおさまるんだよ」

プルパさんは続けた。

「最初は誰しも、ネガティブな感情に向き合うのは苦手なもんだよ。でも少し勇気を出して、本音を言い合うことから始めるといいよ。できそうかな？」

「はい…、どうかなぁ。でも、なんとか挑戦してみたいです…」

と答えてみたものの、僕にできるのかなぁ…。時間がかかりそうな宿題だった。

僕の中に、悲しみや怒りの「感情」がたくさんあって、それとつながれないし、表現もできていないということが、今回、プルパさんから教わってよくわかった。

だから、絵美に「本音が知りたい」と言われると、イライラしていたんだ。自分でも、なんとかしなくちゃいけないと、うすうす気づいていたからだ。

でも、ここをクリアしないと、「感情の衝突を恐れるあまり、人とつながれない人間」になってしまう。

そうか…、やっぱり「親子」は似てしまうんだ…。**いちばんなりたくないと思っていたはずの「父親」と、結局、同じになってしまっていた**…ということか。

＊

それから数日後、研究所の休憩時間に、みんなでお茶を飲んでいたとき、プルパさんを囲んでの質問会になった。

僕はかねがね気になっていたことをぶつけてみた。

「プルパさん、ブータンでは入ってくる情報や物も限られていて、物欲を刺激されることがありません。もっと、豊かになろう！　というモチベーションもあまりない。つまり、『**成長するのを止めたのとひき換えに、幸せを手に入れた**』ようにも思うんです。

でも、本来、『人間というのは、常に、学び、成長することが必要だし、成長してはじめて豊かに、幸せになれる』のではないでしょうか？」

「これは、とてもいいテーマだね。ここにいるみんなも、いずれ外国に留学する可能性があるから、このテーマについては、いやおうなしに考えなくてはいけなくなるね。この機会にみんなで話してみようじゃないか。ケイは、なぜ『成長が大事だ』と思ったのかな？」

「僕たちは、子どもの頃から、『たくさん学んで、成長しないとダメだ』と教わってきました。親にも、先生にもです」

「なるほど、そうだろうね。でも、今の先進国のように、成長を優先した結果、人生は複雑になってしまった。その結果、ひとにぎりの勝ち組と呼ばれる人々と、大多数の負け組と呼ばれる人々が生まれたんだ。

そして、これ以上、経済が成長するのも限界に達しつつある。そして、みんなが、世の中に不平不満を言って、不幸になっている状況があるとしたら、単純に『成長がいい』とは言えなそうだね」

「たしかに、そうですね。では、いったい、どちらが、正しいのでしょうか？」

「正しいも悪いもないんだよ。人は、すぐに『どちらかが正しくて、どちらかが間違っている』ということを決めたがる。悪いクセだね。でもね、ケイ、世の中には**『どちらも正しい』『どちらでもいい』ということがある**のを、知っておいてもらいたい」

「『どちらも正しい』ですか？」

「結論から言うとね…、『成長しても、今の場所に止まっていても、どちらでもいい』のだよ。どちらも正しいんだ」

「どういうことでしょうか？」

「たとえばね、日本の『江戸時代』というのは、ある意味で成長を止めることで、国全体の幸せを見いだした、世界的にも珍しいリサイクル社会だったと聞いている。世界から鎖国することで、それまでに数百年続いた戦国時代から、脱した。

浮世絵《うきよえ》、歌舞伎《かぶき》などの文化は、世界から隔絶された江戸時代の平和の中で熟成されたそうだ。安定した平和が長く続かないと、文化は花開かないものだよ」
「そうなんですね。日本人の僕が知らないなんて、恥ずかしいです…」
「ハハハッ、当然だよ、そのときは、キミはまだ生まれていなかったんだから。もちろん、私もだけど…」

おどけて語る彼の冗談に、みんなどっと笑った。こういうときのプルパさんは、とても楽しそうだ…。笑顔のプルパさんは続けた。

「成長に関して『どちらも正しい』というのは、人間関係についても同じことが言えるんだよ。**2人の間に、人間関係が発生したら、必ず、1人は前に進みたがり、もう1人は現状維持を望むようになっている。**

人間が集まると、同じ集団の中で、人間関係のバランスをとろうとする作用が働いて、反対のポジションに行ってしまう。この『2極への分離』は、夫婦、友人、恋人、家族の間で起きる。もちろん、学校、会社、政治の世界でも必ず起きるんだ。

『現状を変えたいというグループ』と、『今の体制を変えたくないというグループ』に分かれると言ってもいいね。

政治で言うと、多くの国で、議会は、『保守派』と『革新派』に分かれているよね。『右派《うは》』と『左派《さは》』とも言う。

そして、すべての人が、『どちらが正しいか？』という論争に巻き込まれる。こんな風にね、現状維持がいいと思う人と、変革を望む人たちがいるんだよ」

「では、どうすれば、みんなが幸せになれるのでしょうか？」

「両方が、『どちらも正しい』と考えて、『どちらでもいい』と認め合えばいいんだよ。するとね、保守派は『新しいものを取り入れる素晴らしさ』に気づき、革新派は『安定の素晴らしさ』に気づけるだろうね。

そうやって、進化していければいいのだけれど、今の時代では、まだ、全員がそれを行うのは無理だと思う。たいていは、『相手が悪い。だから、うまくいかない！』と言ってお互いを責めるだけになってしまいがちだよね。これは、非常にもったいないことだと思うよ。まぁ、これができるぐらい、世界中の人類が感情的に成熟するには、あと50年はかかるかもしれないけどね」

「たしかに、世界中の人々が『どちらも正しい』とお互いを認め合うことができたら、戦争すらもなくなってしまうかもしれませんね…」

「さすがは、ケイ。いいところに気がついたね。それは、長年、私が目指していることでもあるんだ。世界中が、ブータンから、多くのことを学べると、私は思っているのだけれどね…」

部屋に帰っても、僕は、絵美のことをずっと考えていた。これまでの人生で、僕は、「成長しなくちゃいけない」とずっと思っていた。強迫観念みたいなものだ。受験、受験で追い立てられ、今度は、就職。いろんなことを勉強しておかなければ、みんなに、置いて行かれてしまうと…。

そんな焦っている僕に、絵美は、「ケイ、もっと、今を楽しもうよ！」と言ってくれていた。未来のためにがんばる僕と、今にフォーカスする彼女。

そこに、対立が生まれて、「別れ」を告げられてしまったのか…。

僕は、「成長すること」ばかりに意識が行って、大事なこと、「今を幸せに生きること。今を楽しむこと。今の本音とつながること」を取り逃がしてきたのかもしれない…。

そして、大切なものを失ってしまった。

＊

いよいよブータンを去る日が近づいて来た。1人、散歩をしながら、これまでのことをいろいろ考えた。

ブータンに来て、まるで「時間が止まった」かのように、ゆったりとした時間を過ごすことができた。

「穏やかな人間関係、やさしさが、幸せのカギだ」ということをこの地で学んだ。

タイのバンコクやチェンマイの滞在だけで帰国していたら、僕は、普通の「若くしての起業家」になっていたかもしれない。日本で「タイ・レストラン」のチェーンでも成功させて、「これぞ、人生の成功だ！」と思い上がってしまうところだった。

もちろん、それが悪いわけではないが、お店をたくさん増やして成功したとしても、「本当の幸せ」は手からこぼれ落ちたかもしれない。

僕は、ブータンに来て、「ただ感じる、ただ人とつながる」ということができるようになった。朝日や夕日を見て、また、お水のおいしさに感動し、みんなでたわいもないことを話して、大笑いする。それで十分に幸せだった。

この地で、僕は、人間関係や人生の大切なことを教わった。

「目の前の人とつながって、自分らしくいること」

これが自然にできたら、どんなこともうまくいきそうな感じがする。

これからは、「本当に大切なもの」を中心にして生きよう。

ブータンは、幸せについて、自分の未来について、じっくり考えるには本当にいい場所だった。

ブータンの人には心から感謝したい。


でも、ここは、僕がずっといる場所ではない。「成長、一辺倒の人生」を生きたいわけではないが、「ずっと止まっている」のも僕には合わない気がする。

そろそろ「僕の中での次のステージ」に行くタイミングだ。

僕の深いところで、そう「直感」が言っている。

日本に帰ったら、「縁」のあった人を大事にしよう。

絵美とも…。

彼女には、ポストカードを何度か送ったけれど、会ってくれるだろうか…。

父さんとも、じっくり話してみたい。シャイで偏屈なだけで、実は家族思いの人なのかもしれないと思えてきたのだ。「親子」だからわかる。僕も、「人との接し方が、実は、父さんそっくりだ」ということが、よくわかったし。

そんなことを父と話しながら、友人のような関係になれるかもしれない。

おじいちゃんのことが…、うちの家族の歴史が…、僕なりにわかった今なら、深いところで「つながれる」感じがする。

＊

いよいよ、僕の帰国が迫ってきたある日。

「『最後の手紙』を読む前に、プルパさんと話がしたい」と思っていたところ、彼が「王様が住む建物を見せてあげよう」と、誘ってくれた。

そこは、「パロ空港」からクルマで15分ぐらいの場所にあった。お寺と宮殿をミックスしたような荘厳な建物で、要人を守る兵隊が直立不動で立っており、海外からの観光客が訪れていた。

はじめて見る建物のはずなのに、「デジャヴ」のように、「ここに来たことがあるような」「ここに来ることになっていたような」不思議な感覚が、僕の中から湧いてきた。

プルパさんと、建物を見学しながら、僕は話を切り出した。

「プルパさん、本当にお世話になりました。僕も、そろそろ日本に帰るときが来たような気がします」

「キミには、キミの『運命』というのがある。そういうタイミングだと感じたのなら、それが正しいと思う。私は、キミがいなくなって、少しさみしいけどね」

「ありがとうございます。僕は、『偶然と直感』を追いかける旅に出て、ブータンまで来ましたが、今はとても不思議な感覚を感じています。ひょっとしたら、**この旅も、最初から決まっていたのかもしれないいな**と思えるんです」

「そうかもしれないし、そうでないかもしれない。キミが、小樽《おたる》、京都、神戸、バンコク、チェンマイ、そしてブータンに来るときに、たった1つでもステップを外したとすると、どうなっていたと思う？」
「たしかに、ここには来てないと思います。もし、バンコクで路頭に迷いながらもマイクと会わなければ、チェンマイにも行かなかったかもしれないし…。チェンマイでソムチャイさんに捜してもらわなければ、彼と会えなかったし、ブータンにも来られなかったでしょう」

「そう…、旅が終わってみれば、

『すべては、つながっていたから、起きてきた』

ということなんじゃないかな。それだけでなく、このタイミングでブータンに来た、というのもそうなんだよ。

キミがもし、就職が決まった後の卒業旅行でブータンに来ていたとしたら、どうだろう？　そうなったら、また、全然、違った旅になったはず。間違いなく、私と会うこともなかっただろうね」

「そうですね。考えるだけでちょっと怖いですが、そう思います。『**これまでのすべてがつながっていて、すべてがベストなタイミングで起きた**』…ということがよくわかりました」

「そして、これまでがそうなら、ここからの人生でもそうなんだよ。キミの運命は、ここから大きく開けていくと思う。それを信じるといいよ」

「あの、もう少し、運命について聞いてもいいですか？

さっきお話ししたように、僕の運命はある程度、決まっていたとします。もし、そうだとすると、僕には自由意志はないのでしょうか？」

「ここに来るまでのキミは、自由意志で決めたんだろう？」

「はい。そうです。自分で考えて、何回も選んで僕はここにいます」

「ということは、自由意志はあった。けれども、ここにいるのも、必然だったのかもしれないと感じないかな？」

「たしかに、こうやって話をしていると、『これ以外のシナリオはなかった』かのような気分にもなります」

「そうだろう。つまりね、ある側面から見ると『**自由意志はあったし、すべてを自分で決めてきた**』と言うこともできる。でも、後から考えてみると『**すべては、最初から決まっていた**』と言うこともできるのではないかな」

「はい、わかったような、わからないような…」

「私の歳まで生きるとね、一生懸命やって、自ら運命を切り開いたつもりでも、結局は、『すべて決まっていたのではないか？』と思うことも、たくさんあるんだよ。

人のご縁で生かされ、たくさんの人の厚意のおかげで今があると思うんだ。そのすべての出会いを『何か』がプロデュースしてくれていたとしたら、ものすごい英知《えいち》だと思わないかい？

それを『神』と呼ぶ人もいるだろうし、『運命だ』と呼ぶ人もいるかもしれない。それは、どう呼んでもいいし、意味は同じだよね。だから、キミに自由意志がないわけではない。これから何をやるかは、１００％キミが決めていいんだよ」

「そう言われると、ワクワクしてきます」

「そう。私たちの人生が決まっているかどうかは、これから、どんなに科学技術が発達しても、しばらくは、誰にも検証することはできないだろうね。

そうなると、『ニワトリが先か、卵が先か』という話になってしまう。いずれにしても、『自分の運命は、自分で切り開く』という感覚は大事だと思うよ」

「でも、最初から決まっていたと思うと、やる気をなくしそうな感じもします。だったら、適当でいいや…、みたいな」

「そういう人だっているだろう。でも、おもしろい人生を生きる人は、『どうあろうと、やっぱり自分で何かをやりたい』という思いは持っていると思うよ。いろんな可能性があって、その中で何を選ぶかということだと思う。**『自分の運命が決まっていようと、決まっていなかろうと、自分がやりたいようにやる』**ということだね」

「そうか！　結局は、『自分で決めていい』ということですね」

「そう。さっきも言ったように、どちらとも解釈ができて、どちらも正解なんだよ。だから、これから何をやるにも、『自由意志で自分から主体的に行動するとき』と、『流れに身を任せるとき』を、選択してみるといいよ。きっと、そのプロセスの中で、『キミの中での正解』が見えてくるだろうね」

「そうですね。本当に自分が何をやりたいか、考えてみます」

「私はね、キミが素晴らしい人生を送るのを確信しているよ」

そう話すプルパさんの言葉は、やさしさに満ちていた。

こういう人との時間が、僕の心を柔らかくしてくれる。いつの間にか、僕も、ブータンの人たちと同じように、「人生を信頼できる」気がしてきた。

「僕の人生は、必ず、素晴らしいものになっていく」と…。


ここに来てから、体全体がリラックスしたし、ずいぶん表情も柔らかくなったなと思う。バスルームの鏡に映る自分の顔を見てそう感じる。

ブータンに来るまでは、どこか緊張して暗かったのに、今は、気がつけば笑顔になっている自分がいる。

このことだけでも、ブータンの人たちに、感謝したい。

＊

次の日、プルパさんと、お気に入りの散歩に出た。

おじいちゃんの人間関係について聞きたかったからだ。

「プルパさん、ブータンに来る飛行機の中で、祖父の手紙を読みました」

「なんて書いてあったのかな？」

「人間関係が幸せのカギだ。でも、自分は苦手だと。だから、いい先生を探してほしいと書いてありました。祖父は、人間関係が苦手だったんでしょうか？」

「そんなことはないよ。タイゾウは、いろんな人と打ち解けて、友達も多かった。たぶん、家族に関しては、苦手意識があったのかもしれない。小さい頃、孤児だったトラウマがそう感じさせたんだろうね。でも、友達は大勢いたし、結婚生活もよかったようだし、決して不幸ではなかったと思うよ。

キミのお父さんとは、いい関係が築けなかったようだけどね。でもね、うまくいっていなかったのは、それぐらいだと思う。たとえば、キミのおばあさんとは、とても仲が良かったんだよ。大恋愛の末に結婚した話は、知っているのかな？」

「ええ!?　あの祖父と祖母がですか？　ちょっと信じられないです」

「そうだろう。普通、自分の両親に若い頃があったなんて想像できないものだよ。まして、祖父母の場合は、もっとそうだろうね。

私は、タイゾウに人生を共に過ごしたいと考える女性が見つかったと聞いたとき、本当にうれしかった。彼なりの幸せを見つけたのだから。それからというもの、手紙で、何度も『僕は幸せだよ』としみじみ書いていた。プロポーズしたときには、100本のバラの花束をプレゼントしたらしい。彼は、私が知りうる限り、もっとも恵まれて、幸せな人間だと思う」

「そうなんですね。そう言っていただけると、孫としてもすごくうれしいです」

「彼は、ことあるごとに手紙をくれてね。子どもが生まれた。これはキミのお父さんだね。キミのお父さんが、成績優秀で、いい学校に入ったということも、手紙で知った。そうするうちに、キミのお父さんが結婚することになった。そして、孫が生まれた。キミのことだね。もう1人生まれた。それは、キミの妹。そんな感じで、彼の人生の節目、節目に、手紙や写真をよこしてくれた。だから、キミたちのことは、会ったことがないのに、よく知っているんだよ」

「そうか。その頃から、祖父は手紙が好きだったんですね」

「そうとも、彼から来た手紙は全部取ってあるから、後で見るといいよ。私が、『ブータンで農業の研究センターを立ち上げたい』と言ったら、バンコクのソムチャイと一緒に、すぐに、まとまったお金を送金してくれてね。私たちにとっては、それこそ、びっくりするくらいの金額だったなぁ。

おかげで、立派な建物を建てることができたんだ。彼らの友情もお金も、実にありがたかった。本当に感動したよ。彼のような人間がいたおかげで、ブータンは『親日国家』で、日本人に対するイメージがとってもいいんだ」

「そんなことがあったんですね」

祖父の太っ腹な生き方に誇りを感じた。僕もそういうことができる人物になりたいと、強く思う。

それから、プルパさんは、「段ボール箱」いっぱいの手紙の束を持って来てくれた。段ボール箱から、おじいちゃんの色あせた手紙を引っ張り出して、1つずつ、読んでいった。どの手紙にも、仕事のことは、1行も触れていなかった。「家族がどうだった、ああだった」という、たわいもない話が中心だ。

親友の顔を思い浮かべながら手紙を書くことは、多忙なおじいちゃんにとっては、密かな楽しみだったのかもしれない。

おじいちゃんも、社会的には大成功していても、家族のことで悩み、いろんなことに気を揉みながら生きた、「普通の人」だったんだ。

感慨深く手紙を読んでいると、プルパさんがニコニコしながらやってきた。

「ケイ、見つけたよ！　これを捜していたんだ！」

手渡されたのは、古ぼけた革の表紙の1冊の「アルバム」だった。

プルパさんは、几帳面な性格で、手紙とは別に、送られてきた写真を、1つのアルバムに、整理していたのだった。

最初のページには、みんなが若い頃、男4人でどこかのカフェでかっこつけて撮った写真が貼ってあった。おじいちゃん、徳山《トクヤマ》さん、ソムチャイさん、プルパさん、みんな、若くてエネルギッシュだ。みんな希望に満ちていて、笑顔がまぶしい。

次のページからは、おじいちゃんが送ってきた写真が、年代順にいっぱい貼ってあった。どこかの外国から送られてきたポストカード、おじいちゃんが1人だけで写っている観光地での写真もあった。

おじいちゃんとおばあちゃんの結婚式、父の子ども時代の写真もいっぱい貼ってあった。毎年、撮っていた家族の記念写真。僕と妹が赤ちゃんの頃の写真。おばあちゃんも含めて家族全員が写っている。

おじいちゃんが、満面の笑みで、小さい僕と妹をだっこしている写真もあった。

なんと、めちゃくちゃ若い父と母も、とても楽しそうに笑っている！

これは、衝撃だった。でも、僕が知らないだけで、この写真のように、うちの家族にも、幸せな瞬間は、たくさんあったのかもしれない。

「佐藤家の60年の歴史が凝縮されたアルバム」を手にして、途中から涙が止まらなくなってしまった。


おじいちゃんは、不幸でかわいそうな人ではなかった。**小さい頃から、ずっと夢見ていた「幸せな家族」を手に入れて、彼なりの幸せを見つけたんだ。**

完璧ではなかったけど、十分に幸せな人生を生きた。

そして、僕も、知らない間に、おじいちゃんの幸せに、貢献していたんだ。

ただただ、ポロポロと、涙があとからあとから流れた。うれし涙だ。

僕は、誤解していた。ずっと「僕の家族はみんな不幸だ」と勝手に思っていたけれど、うちにも、家族が全員幸せなときは、ちゃんとあったのだ。

おじいちゃんと父さんが、表面的に不仲だったなんて、どうでもいいことだ。なぜなら、そこにはちゃんと、「愛」があったのだから。**僕には見えていなかっただけで、「家族の愛」が確かにあったこと**が、今の僕にはわかる。

そんな涙でグチャグチャになった僕の肩を、プルパさんは、やさしく抱きしめてくれた……。

＊

僕がブータンを去る前日は、なんと「収穫祭」と重なった。

こちらで知り合った人たちも、みんなが集まってくれた。

いよいよ、日本に帰るときが来てしまった。

ブータンの人たちの素朴な笑顔がまぶしい。

ちょっと前の僕には、ブータンの素晴らしさは、よくわからなかった。
「この国の人たちは、成長をすっかり忘れて、大丈夫なのかなぁ」と考えていた。
なんと失礼なことを考えていたのだろう、僕は。
今は、ブータンの人たちの素晴らしさ、純粋さ、幸せの感覚が、よくわかる。
それは、**「人生を信頼すること、人とつながること」**が、わかったからだ。

人は、何かを達成したり、何かを手にしたりすることで幸せを感じるのではなく、「今の自分でいいという感覚を持つことで、深い幸せを得られる」ということを知った。

小樽に始まり、ブータンに来るまでの、この数ヶ月で、本当に、たくさんのことを学んだ。それを忘れないために、僕は、「ノート」を取り出すと、1つひとつ、書き出してみた。

・偶然に起きることはないし、偶然に会う人もいない
・すべてのことには意味があり、それは自分を幸せにするために起こっている
・決断した瞬間に、その未来は、同時に誕生する
・最高の未来は、いつも、今の意識の外にある
・直感は「英知」であり、自分を幸せに導く、ナビゲーションシステム
・自分にとって何が大事かは、心と体がちゃんと知っている
・決めた未来は、「行動すること」によってしか、近づいてこない
・最低限、お金に邪魔されない人生を生きる
・誰かを幸せにするたびに、自分の器が大きくなって、お金から自由になっていく
・仕事の喜びは、まわりの人を巻き込みながら、関係者全員を幸せにすること
・世界は、あなたの才能が開花するのを待っている
・成功するための唯一の方法は、失敗しても挑戦し続けること
・自分に与えられた命を使い切る

- **本当の幸せは「人間関係で得られる幸せ」にほかならない**
- **最初に、自分から与えることで、「内面的に満たされている人」になる**
- **両方が「どちらも正しい」と考えて認め合う**
- **運命は決まっていようといなかろうと、自分がやりたいようにやる**
- **人生を信頼すること、人とつながること**

あげたらきりがないぐらい、多くのことを受け取った。

まだ、それを消化し切れていない僕がいたが、これは、一朝一夕で、頭で理解するような種類のものではなく、「一生をかけて体験しながら、体に染み込ませていく知恵」なのだと思う。

パーティーは、昼過ぎに始まり、延々と音楽やダンスが続いた。

みんなの楽しそうな笑顔がまぶしい。

この人たちと出会えたことは、僕の「一生の財産」になったように思う。

夕方近くになって、僕は、今、いよいよ【最後の手紙】を開こうと思った。
お祭りの輪をこっそり抜け出して、丘の上を目指して登って行った。
山々を見下ろせる丘で、おじいちゃんの【最後の手紙】の封を切った。

「これが、【最後の手紙】だ」

そう思うと、緊張で手が震えた。
深呼吸をして、【最後の手紙】を読み始めた。

第9の手紙：【運命】

Destiny

第9の手紙：【運命】

さぁ、【最後の手紙】までたどり着いたね。ここまで読んでくれてありがとう。
キミは、この手紙をどこで読んでいるのだろうか？
この手紙にたどり着くまでに、「自分の運命」について考えたに違いない。

私の予想では、世界の何ヶ所かをまわって、この手紙を、ニューヨークか、パリか、バンコクか、ブータンのいずれかで読んでいるのだろう。

いずれにしろ、私は心から「ありがとう」と「おめでとう！」を言いたい。
自分の「直感」を信じて、よくここまで来たね。

そして、私の「手紙」をしっかり読んでくれたことにも、感謝したい。

時には自分が信じられなくなったり、旅がイヤになったこともあっただろう。

お金を盗られたり、病気になったかもしれない（そうならなかったことを祈ってはいるが、それも冒険の一部だったと思ってもらいたい）。


そして、今、【最後の手紙】まで、たどり着いたわけだ。

ここまでのプロセスは、終わってみると、「すべてが、つながっていた」気がしているのではないだろうか。

どこで何をして、誰と出会ったか、詳しいことはわからないが、振り返ってみると、それが、「すべて必然だった」ような気もするはずだ。

キミには、この「運命の不思議な巡り合わせ」を感じてもらいたい。

「運命」と同じような言葉に、「宿命」という言葉がある。でも、実は、この2つの言葉は似ているようで、まったく違う意味を持つんだよ。

- 「宿命」は、宿る命。自分が生まれたときに決まっているもの
- 「運命」は、運ぶ命。どうやって生きるかは、キミが自由に決められる

「すべては、宿命で決まっているので、自由意志はない」と言う人もいるが、私は、そうは思わない。

誰にでも選択肢はあるし、自分でどうするかの「自由意志」はあるからだ。

しかし、同時に、**「知らないうちに、自分の宿命の引力に影響されている」**ことも知らなければならない。自分がどういう力に影響を受けているかを、よく意識していないと、「宿命に支配されてしまう」ことになるからだ。

だから、キミには、自分の中に、なんともしがたい「宿命の引力」があるのを感じてほしい。

キミがどれだけ自分の望む方向に進もうとしても、たえず「連れ戻そうとする力」

が働くものだ。また、災害、事故、病気など、「自分とは直接関係がない力」が働くこともある。いったんは、仕事で成功しても、火事で会社が全焼するというようなことが、時に起きるのだよ。

そういうときこそ、**「宿命と運命の分かれ道」、分岐点だと思ってほしい。**

そこで、意気消沈したり、「もうダメだ！」と、絶望するかもしれない。

あるいは、発明王のエジソンのように反応することもできる。

彼は、自分の工場が火事で燃えたときですらも、落ち着いた様子で「これは、もっと良い設備に変えるチャンスである」(※14)と言ったそうだ。実に「器」が大きいね。

キミは、ヘレン・ケラーを知っているよね。

幼い頃に、高熱が原因で「視覚」「聴覚」「言葉」を失いながらも、家庭教師のサリバン先生の尽力により、アメリカの名門大学を卒業し、障害者の教育や福祉に尽くした「奇跡の人」と言われている。

これは、私の考えではあるが、ヘレン・ケラーが「視覚」「聴覚」「言葉」を失ったのは、ある意味で言うと「宿命」だったのかもしれないと思っている。

しかし、彼女は、そこから、「自分の運命を選択した」のではないだろうか。

彼女は、「私は自分の障害に感謝している。私が自分を見いだし、生涯の仕事、そして神を見つけることができたのも、この障害を通してだったからである」(※15)という言葉を残している。

彼女のようにね、今の人生の型を破り、自分の道を切り開ける人がいる。つまりね、「宿命を知った上で、主体的に自分の運命を選び取っていくこと」ができるんだ。それには、独特の「センス」がいる。たとえばね…、

「悪いと思うことが起きるたびに、これで1つネガティブな要素が減った」と考えられるかどうか…、ってことなんだ。

たとえば、不快なことが起きたときに、「これから運命は、いい方向に向かうんだな。ありがたい」と、頭の中を切り替えられるかどうかなんだ。

もちろん、簡単にできないことは、私も体験から知っている。でも、それができれば、「自分の宿命に翻弄されない生き方」ができる。

キミには、知っておいてもらいたいことがある。

「宿命と運命の境界線は、自分で引くことができる」ということだ。

どこにその線を引いても、それが「キミにとっての正解」なんだよ。

恋愛で悩んだり、お金、健康、仕事のトラブルで、すべてを投げ出したくなったときに、この「手紙」を思い出してもらいたい。

そのときこそが、「キミの宿命と運命の分かれ道」だと。

そういう分岐点で、精神的に疲れて、自暴自棄になるかもしれない。

でもね…、そこで、あきらめずに、新しくスタートを切ることができるんだ。

「どんなところからでも、最高の未来を生きるという選択ができる」んだよ。

キミには、「自分で運命を切り開く人間」になってもらいたいと思う。

これまで、80年と少し生きてきて、わかったことがある。

「人は変われる。でも、なかなか変わらない」

これが、私の結論だ。

「人の本質」というのは、そんなに変わるものではない。

子ども時代に卑怯でウソつきだった少年が、大人になって正直になることは、なかなかない。一方で、心やさしい少女が、粗暴な女性になることも、そうはないものだ。

かといって、「まったく変われないわけではない」というのが、人生のおもしろいところだね。

「運命を動かすものが、何か」を知ってほしい。

どんなときも、「宿命」「運命」という観点から、人を見るといいよ。その観察から、「変われる人と変われない人の違い」を発見して、自分の人生に役立ててもらいたい。

たとえば、私は、ずっと親密な「家族関係」が苦手だった。

小さい頃から、家族の愛を知らずに育ったせいもあるかもしれない。

キミの父親とも、キミとも、もっといろいろ話せばよかったのに、それができなかった。「向き合う勇気」さえあれば、もっと家族とつながることもできたのではないか、と後悔している。

ちょっとした気後れと、恥ずかしさが、息子との間の溝を作ってしまった。

これが、自分の限界だったのだと思う。

キミのお父さんにも、私からの「手紙」を残した。

今となっては…、私のことを少しでも理解して、許してくれることを願うのみだ。

できたら、キミも、お父さんといろんなことを話してあげてほしい。彼も、キミとしっかりつながれないことは、悩んでいるだろうからね。


そう見えないかもしれないけどね…、息子とつながれないのは、父親としては、なんとも苦しいものなのだよ。私のことや手紙のことを話題にしてくれたら、これほどうれしいことはないよ。

キミと、私の息子をつなげることは、私の最後の置き土産だ。

時間がかかっても、2人で和解してほしい。きっとだよ。

キミには、プライベートでも仕事でも、充実した人生を生きてほしい。

私が望むことは、ただ1つだけ。

それは、「キミたちの幸せ」だけだ。

いいかい？　私たちにはね、

「人生を変える選択肢が、毎日、与えられている」。

だから、どうか、キミの意思で自分の「運命」を選び取ってほしい。「宿命の引力」から抜け出て、自分の人生を切り開いてほしい。

心がワクワクすることを毎日やって、自分の夢を追いかけてほしい。人生は、キミが楽しむためにあるのだから。

そのためには、

「直感で動き、人生がもたらす、すべてを受け入れること」。

それさえできれば、きっと、おもしろい人生が生きられるよ。

私はね…、もちろん、いろいろと後悔することもあるけど、本当に愉快な人生を生きることができたと思う。

その体験から言えることは1つだけだ。

「人生の目的は、自分らしく生き、人とつながること」だ。

最後に…。

この【9つの手紙】を読み終えたら、お願いがある。キミから見て、いいタイミングが来たら、キミの妹にこの手紙を渡してほしい。

そして、今回の旅のことも、いつか兄妹で話し合ってくれたらうれしい。

2人とも、素敵な人生を送れるように、天国から祈っているよ。

キミには、たくさん人を愛し、人から愛される人になってほしい。

最後に、言えなかったことを言って、この手紙を終えたい。

「キミたちのことを、心から愛している」
なんとも不器用な私を許しておくれ。
これからの人生に、たくさんの幸せや喜びが、キミたちにもたらされますように…。

すべてを読み終えて、僕は、しばらく呆然としていた。おじいちゃんの手紙もこれで終わりだ。でも不思議にさみしくはない。涙も出ない。スッキリした爽快な気分だ。なぜなら、おじいちゃんから託された「命のバトン」が、今、僕の手にあるからだ。

「この世界を、少し良くして、次の世代へ渡す…」

人類の英知《えいち》は、次の世代へと受け継がれていくことで、進化していくんだ。それは、直接、目には見えないけれど、祖父から、父へ、そして僕へと…、確実に「つながっている」のだ。

この数ヶ月の旅で出会った人たちの顔が浮かんだ。
その1人でも欠けたら、僕はここにいない。
彼らのおかげで、今の僕がある。そう思うと、深い感謝が湧いてくる。
やっぱり、「人生とは人とのつながり」なんだ。
お金持ちになったり、社会的に成功することが「人生の目的」ではない。

人生を変えるのは、どんなときも「人」なんだ。

ふと下を見ると、仲間たちが手を振りながら、丘を登ってきた。パーティーの主役である僕を、捜してくれていたようだ。僕は、彼らに手を振り返した。

遠くにブータンの伝統的な音楽が聞こえる。これから、踊りが始まるらしい。さぁ、僕も行かなくちゃ。今夜は、長い夜になりそうだ。

明日は、日本へ向けて出発だ。

山の向こう、遠くに落ちていくブータンの大きな夕日が、僕たちを見守るように輝いていた…。

【おわりに】

この「物語」を最後まで読んでくださって、ありがとうございました。

「偶然と直感」を追いかけて「人生の真実」を見つける旅は、いかがでしたか？

あなたも、どこかに行きたくなったかもしれません。あるいは、「今の生活をもっと充実させよう」と思ったかもしれません。

「旅に出たいな…」と感じた方は、ぜひ、どこかに出かけてください。普段と違ったことをやることが、きっとあなたの「人生のリズム」を変えます。

日帰りでもいいですが、できれば、遠くに行くのがいいと思います。

以前、私の本で書きましたが、「運を良くする方法の1つは、自分の中に摩擦を作ること」です。遠くに行くことで、「普段、使っていない回路」がオンになります。「偶然を追いかける旅」は、あなたの人生をきっと、いい方に変えてくれると思います。

私も、本書を書き始めてから、時を同じくして、「自分自身を探す旅」に出ました。「英語で本を書こう」と決めた頃で、リサーチや打ち合わせを兼ねて、世界中を旅することになりました。

アメリカ、メキシコ、中国、ヨーロッパ各国、タイ、ベトナム、ブータン。

世界中のカフェで、この物語を書きました。

あるときは、スイスのチューリッヒで。あるときは、中国の広州、上海《シャンハイ》で。タイのバンコク、チェンマイ、ベトナムのハノイ。ブータンのパロのホテルでも。

文字どおり、世界をまわりながら、執筆を続けました。

その間に、私の夢であった、ニューヨークの一流出版社である「Simon《サイモン》 & Schuster《シュスター》」社と正式に「出版契約」を交わすことができました。

同時に、噂を聞きつけた、世界中の出版社から、その「英語で書く本」に、オファーをいただきました。

今、1社ずつ契約を交わしているところですが、イギリス、イタリア、オランダ、スペインなど、ヨーロッパ諸国。メキシコ、コスタリカ、ブラジルなどの中南米。日本、中国、韓国、タイなどのアジア諸国。オーストラリア、ニュージーランドなど、世界25カ国以上で展開する予定です。

本書の「物語」には、「これまで、たくさんのメンターに教えてもらったこと」と、「私自身の経験から得た知恵」を盛り込みました。

「偶然と直感」の読み方、行動できないときに、何をすればいいかなど、きっとあなたの、これからの人生に役立つと思います。

本書にあったように、あなたが「何かを決めれば、人生が、必ず動き出す」のです。
ぜひ、何か簡単なことでいいので、決めてください。
「何かワクワクすることをやってみよう！」と決めると、想定外のことが起きて、きっと、その変化に驚くことでしょう。感性を磨いて「偶然と直感」を追いかけていくと、あなたの人生は抜群に、おもしろくなります。

そのためにお金を使ったり、エネルギーを使うことになっても、それを上回るワクワクと出来事によって、必ず人生が動いていきます。

もし、今の生活がなんとなく退屈になっていたら…、今が「動き出すタイミング」かもしれません。

先ほども言いましたが、「旅に出てみる」というのは、人生を動かすもっとも手っ取り早く、オススメな方法の1つです。
また、「おもしろそう！」と思うことをやってみるのもいいでしょう。

普段とは違うことを始めると、何かが変わります。そのうちに、理由はなくても、なんだか「ワクワク」してきたら、しめたものです。

ぜひ、そのワクワク、ドキドキにしたがって、前に進んでください。

きっと、そこから「あなたの冒険物語がスタートする」ことでしょう。

本編にも書きましたが、

人生を変えるのは、どんなときも「人」です。


あなたの人生を変える「素晴らしい人」と出会ってください。誰かに誘われたら、乗っていってみてください。

途中、楽しくない経験、辛い経験もするかもしれませんが、「それも含めて人生だ」と思えば、後で「笑い話」にもなります。

あなたの人生に動きをつけて、後悔のない時間を過ごしてください。心からあなたのことを応援しています。

本書にもあるとおり、日常生活に起きる「シンクロニシティー」を追いかけてみてください。「運命の女神」は、あなたにおもしろいプレゼントを、いっぱい用意していることでしょう。

最後になりましたが、本書の執筆にあたって編集担当である（株）ダイヤモンド社の飯沼一洋さんには、タイのバンコク、チェンマイ、ブータンへの同行も含め、大変お世話になりました。記して感謝いたします。

ハワイ　オアフ島にて

本《ほん》田《だ》健《けん》

【参考資料＆引用】

（※１）「rockin'on.com」２０１３年12月17日【ローリング・ストーンズのミックとキースが10代で再会した駅が史跡に指定される】

（©NME.COM / IPC Media 2013）https://rockinon.com/news/detail/94056

（※２）『パーフェクトマイル　1マイル4分の壁に挑んだアスリート』（ニール・バスコム：著、松本剛史：訳／ソニー・マガジンズ）

「東商新聞」２０１５年11月20日号【アスリート勝負脳　第5回・錦織のように、自己イメージを変えて成果を上げよう】

（児玉光雄：執筆）、「東京商工会議所　http://www.tokyo-cci.or.jp」２０１６年６月７日掲載

http://www.tokyo-cci.or.jp/page.jsp?id=74280

（※３）「日本経済新聞電子版」２０１１年10月９日【「ハングリーであれ。愚か者であれ」ジョブズ氏スピーチ全訳　米スタンフォード大卒業式（２００５年６月）にて】より引用

https://www.nikkei.com/article/DGXZZO35455660Y1A001C1000000/

（※４）『ナイチンゲール』（小玉香津子／清水書院）

『学習漫画　世界の偉人伝　④医療・教育につくした人たち』（富士山みえる：編著・作画／汐文社）

（※５）『エミール〈上〉』（ルソー：著、今野一雄：訳／岩波書店）より引用

（※６）『世界の名言１００選』（金森誠也：監修／ＰＨＰ研究所）より引用

（※７）『「人の上に立つ」ために本当に大切なこと』（ジョン・Ｃ・マクスウェル：著、弓場隆：訳／ダイヤモンド社）より引用

『ロックフェラー　お金の教え』（ジョン・Ｄ・ロックフェラー：著、中島早苗：訳／サンマーク出版）

（※８）「ライムライト」（チャールズ・チャップリン出演＆監督／角川映画）より引用

（※9）『本田宗一郎　夢を力に　私の履歴書』（本田宗一郎／日本経済新聞社）より引用

（※10）『夫・手塚治虫とともに―木洩れ日に生きる―』（手塚悦子／講談社）より引用＆参照

『手塚治虫エッセイ集⑥』（手塚治虫／講談社）より引用＆参照

「TezukaOsamu Official」２０１８年２月【手塚治虫物語】http://tezukaosamu.net/jp/about/story.html

（※11）『ウォルト・ディズニー　創造と冒険の生涯　完全復刻版』（ボブ・トマス：著、玉置悦子：訳、能登路雅子：訳／講談社）より引用＆参照

（※12）「www.ted.com」２０１５年11月【人生を幸せにするのは何？　最も長期に渡る幸福の研究から】ロバート・ウォールディンガー（日本語訳：Reiko Bovee）より引用＆参照
https://www.ted.com/talks/robert_waldinger_what_makes_a_good_life_lessons_from_the_longest_study_on_happiness

（※13）『人を動かす［新装版］』（D・カーネギー：著、山口博：訳／創元社）より引用＆参照

（※14）「日本経済新聞電子版」２０１５年９月17日【春秋】より引用
https://www.nikkei.com/article/DGXKZO91429100X00C15A9MM8000/

（※15）『楽天主義』（ヘレン・ケラー：著、岡文正：監訳／イーハトーヴフロンティア）より引用

・『必ず出会える！　人生を変える言葉２０００』（西東社編集部：編集／西東社）

・『孤独と人生』（ショーペンハウアー：著、金森誠也：訳／白水社）

・『幸福について　人生論』（ショーペンハウアー：著、橋本文夫：訳／新潮社）

※この作品の「ストーリー部分」についてはフィクションです

【著者プロフィール】

本田 健（ほんだ・けん）

神戸生まれ。

経営コンサルタント、投資家を経て、29歳で育児セミリタイア生活に入る。4年の育児生活中に作家になるビジョンを得て、執筆活動をスタートする。

「お金と幸せ」「ライフワーク」「ワクワクする生き方」をテーマにした1000人規模の講演会、セミナーを全国で開催。そのユーモアあふれるセミナーには、世界中から受講生が駆けつけている。大人気のインターネットラジオ「本田健の人生相談～Dear Ken～」は3000万ダウンロードを記録。世界的なベストセラー作家とジョイントセミナーを企画、八ヶ岳で研修センターを運営するなど、自分がワクワクすることを常に追いかけている。

2014年からは、世界を舞台に講演、英語での本の執筆をスタートさせている。

著書は、『ユダヤ人大富豪の教え』『20代にしておきたい17のこと』（以上、大和書房）、『きっと、よくなる！』（サンマーク出版）、『大好きなことをやって生きよう！』（フォレスト出版）など130冊以上、累計発行部数は700万部を突破している。

2017年にはアメリカの出版社Simon&Schuster（サイモン＆シュスター）社と契約。初の英語での書き下ろしになる著作は、ヨーロッパ、アジア、中南米など、世界25カ国以上の国で発売されることが決まっている。

【本田 健　公式HP】
http://www.aiueoffice.com/

【本田 健　英語・中国語HP】
http://www.kenhonda.tokyo

【本田 健　公式LINE】
https://line.me/R/ti/p/%40mpx2126g

大富豪からの手紙

2018年3月7日　第1刷発行
2018年4月20日　第6刷発行

著　者——本田 健
発行所——ダイヤモンド社
〒150-8409　東京都渋谷区神宮前6-12-17
http://www.diamond.co.jp/
電話／03･5778･7227（編集）　03･5778･7240（販売）
装丁————重原 隆
本文デザイン・DTP——斎藤 充（クロロス）
製作進行——ダイヤモンド・グラフィック社
印刷————堀内印刷所（本文）・加藤文明社（カバー）
製本————ブックアート
編集担当——飯沼一洋

ISBN 978-4-478-10211-4
落丁・乱丁本はお手数ですが小社営業局宛にお送りください。送料小社負担にてお取替えいたします。但し、古書店で購入されたものについてはお取替えできません。